ESSAI

SUR LA

STATISTIQUE INTERNATIONALE DU COMMERCE.

TABLEAUX COMPARATIFS

DE LA

CLASSIFICATION DE MARCHANDISES ET DE LEUR TARIFICATION EN DIFFÉRENTS PAYS DE L'EUROPE, AINSI QUE DANS LES ÉTATS-UNIS D'AMÉRIQUE,

ET

PROJET

D'UNE CLASSIFICATION UNIVERSELLE DE MARCHANDISES POUR LES TARIFS DOUANIERS ET LES TABLEAUX DU COMMERCE.

PAR

M. Terékhoff.

OUVRAGE ENTRANT DANS LE

PROGRAMME DE LA VIII SESSION DU CONGRÈS INTERNATIONAL
DE STATISTIQUE À ST.-PÉTERSBOURG.

St. PÉTERSBOURG;
Imprimerie de l'Académie Impériale des sciences,
(Vass.-Ostr, 9e ligne, N. 12.)
1872.

V

ESSAI

SUR LA

STATISTIQUE INTERNATIONALE DU COMMERCE.

TABLEAUX COMPARATIFS

DE LA

CLASSIFICATION DE MARCHANDISES ET DE LEUR TARIFICATION EN DIFFÉRENTS PAYS DE L'EUROPE, AINSI QUE DANS LES ÉTATS-UNIS D'AMÉRIQUE,

ET

PROJET

D'UNE CLASSIFICATION UNIVERSELLE DE MARCHANDISES POUR LES TARIFS DOUANIERS ET LES TABLEAUX DU COMMERCE.

PAR

M. Térékhoff.

OUVRAGE ENTRANT DANS LE

PROGRAMME DE LA VIII SESSION DU CONGRÈS INTERNATIONAL

DE STATISTIQUE À ST.-PÉTERSBOURG.

St. PÉTERSBOURG.

Imprimerie de l'Académie Impériale des sciences.

(Vass.-Ostr., 9e ligne, № 12.)

1872.

Imprimé par ordre du Ministre de l'intérieur.

ESSAI

SUR LA

STATISTIQUE INTERNATIONALE DU COMMERCE.

Tableaux comparatifs de la classification de marchandises et de leur tarification en différents pays de l'Europe, ainsi que dans les États-Unis d'Amérique,

et

Projet d'une classification universelle de marchandises pour les tarifs douaniers et les tableaux du commerce

par M. Térékhoff.

Le Congrès statistique international, qui se réunit en 1869 à la Haye, exprima le désir que la classification et la nomenclature des marchandises énumérées dans les tableaux du commerce fussent soumises à une révision générale dans le but d'y établir une rédaction aussi uniforme que possible, en la simplifiant et en y introduisant les subdivisions désirables, afin que ces tableaux pussent offrir des données statistiques exactes et utiles au commerce international.

Les tableaux du commerce extérieur sont basés sur les tarifs douaniers, et on ne peut se dissimuler les sérieuses difficultés que la diversité des tarifs oppose à la réalisation des désirs du Congrès de statistique.

Si l'on possède pas une connaissance approfondie du développement historique des tarifs de douanes, on ne peut, d'après les tableaux du commerce, se former une idée du mouvement des marchandises en raison de leur nature, et de leur emploi. D'ailleurs les classifications adoptées ne répondant plus à l'état actuel d'un certain nombre de produits naturels ou manufacturés, ce n'est qu'après un long et minutieux travail, consacré à faire des extraits, qu'on parvient à les comparer et à les rapprocher.

Quant à la statistique internationale, les tableaux du commerce, sous leur forme actuelle, ne peuvent offrir de solides points de départ pour une étude comparée du mouvement commercial des différents pays. Les marchandises sont tarifées d'après des principes différents, de sorte que le même article est tarifé dans un gouvernement au poids, dans un autre à la mesure ou au nombre, et ces unités, qui ne sont point comparables entr'elles, entrent dans les tableaux du commerce; enfin le gouvernement du pays où ce même article a l'entrée libre indique dans les tableaux du commerce la quantité d'importation par valeur ou par pièces. Il en résulte qu'une statistique comparative du commerce international est tout-à-fait impossible.

Afin que le Congrès international puisse obtenir un résultat quelconque d'une régularisation des éléments de comparaison, il est indispensable d'élaborer un tableau parallèle et comparatif des unités sur lesquelles portent les droits d'entrée dans les différents pays et des unités adoptées pour indiquer la quantité d'importation des marchandises dont l'entrée est libre.

Tel est le problème que nous nous proposons de résoudre dans la première partie de ce travail.

Pour accomplir cette tâche, on pourrait suivre l'ordre alphabétique, en désignant à côté de chaque dénomination des marchandises les unités adoptées par les gouvernements dans les tarifs et dans les tableaux du commerce. Mais avec environ 3000 dénominations de marchandises, le tableau comparatif prendrait des proportions volumineuses; en outre l'ordre alphabétique ne présente pas de données pour l'étude des marchandises selon leur nature et leur destination. Dans un pareil état de choses il ne reste qu'à choisir une nouvelle méthode de classification.

Cette classification doit offrir:

1) La possibilité de comparer et de rapprocher la division des marchandises dans le commerce en raison de leur emploi avec leur division d'après leur nature et leur degré de fabrication;

2) Une facilité d'application aux tarifs des douanes des différents pays pour parvenir à l'uniformité de leur rédaction.

Le tableau suivant fait ressortir les différences de la classification des marchandises dans les tarifs et dans les tableaux du commerce des principaux États de l'Europe ainsi que des États-Unis de l'Amérique du Nord.

1

RUSSIE.	ZOLL-VEREIN.	ANGLETERRE.	FRANCE.	BELGIQUE.	ITALIE.	AUTRICHE.	ÉTATS-UNIS.
Première division. Marchandises exemptes de droits d'entrée. I. Denrées et substances alimentaires. — Articles 1—5. II. Matières brutes ou préparées. — Articl. 6—26. III. Animaux vivants. — Art. 27. IV. Produits ouvrés. — Art. 28—42. **Deuxième division.** Marchandises soumises aux droits d'entrée. I. Section. Denrées alimentaires. I. Farines. — Articles 43—48. II. Sel. — Art. 49. III. Légumes et fruits. — Art. 50—54. IV. Comestibles divers — Art. 55—69. V. Denrées coloniales. — Art. 70—75. VI. Boissons. — Articl. 76—82. II. Section. Matières brutes et préparées. I. Matières végétales et animales diverses. — Art. 83—87. II. Matières à filer et à tisser. — Articles 88—93. III. Métaux non ouvrés — Art. 94—102. IV. Drogueries: A. Gommes, résines et leurs produits. — Art. 103—107. B. Couleurs et teintures. — Articles 108—123. C. Produits chimiques et matières propres à leur préparation.—Articles 124—140. D. Articles divers.— Art. 141—151. III. Section. Fabrications. I. Ouvrages en pierre, argile et autres minéraux. — Articles 152—158. II. Ouvrages en métaux.—Art. 159—178.	Les marchandises sont divisées en 44 chapitres (№) dont chacun a ses divisions et subdivisions marquées des par chiffres et par les lettres de l'alphabet latin et grec. 1. Déchets. 2. Coton, tissus de coton. 3. Plomb et ouvrages en plomb. 4. Brosserie et boissellerie. 5. Drogueries, substances pharmaceutiques, teintures et couleurs. 6. Fer et acier, ouvrages en fer et acier. 7. Terres, minerais, métaux précieux. 8. Lin et autres matières végétales textiles (filamenteuses) à l'exception du coton. 9. Céréales et autres produits de l'agriculture. 10. Verre et ouvrages en verre. 11. Poils d'animaux. 12. Peaux. 13. Bois et autres matières à tailler, animales et végétales, et ouvrages en ces matières. 14. Houblon. 15. Instruments, machines, voitures et navires. 16. Calendriers. 17. Caoutchouc et gutta-percha et ouvrages en caoutchouc et en gutta-percha. 18. Vêtements et articles de mode. 19. Cuivre, autres métaux communs et alliages et ouvrages en ces métaux et alliages. 20. Mercerie, quincaillerie etc. 21. Cuir et ouvrages en cuir. 22. Fils de lin, toiles, tissus et autres articles de lin. 23. Chandelles et bougies. 24. Oeuvres de littérature et d'art. 25. Denrées coloniales, épiceries, confiserie, et autres objets de consommation. 26. Huiles non autrement dénommées et graisses. 27. Papier et ouvrages en papier et en carton. 28. Fourrures. 29. Poudre à tirer. 30. Soie, tissus et autres articles en soie. 31. Savon et parfumerie. 32. Cartes à jouer.	Liste des marchandises soumises aux droits d'entrée (en ordre alphabétique). Amande (pâte d'), Bière et ale. Caries à jouer. Cerises, secs. Chicorée et succédanés du café. Chloroforme. Cacao. Café. Collodion. Confitures, secs. Confiserie. Raisin de Corinthe. Essence de pin. Éther sulfurique. Figues et pâtisserie de figues. Gingembre, confit. Malt. Marmelade. Méthyle alcool. Pickles. Lames d'or et d'argent. Raisin et prunes. Esprit-de-vin, boissons et liquides spiritueux. Citronat et fruits candits. Sucre. Thé. Tabacs. Vernis contenant de l'alcool. Vinaigre. Vins. La liste des marchandises exemptes de droits d'entrée est rédigée aussi en ordre alphabétique; on y a ajouté les unités d'après lesquelles la quantité de ces marchandises doit être déclarée, afin qu'on puisse les indiquer dans le ta-	**Première Section.** Matières animales. I. Animaux vivants. II. Produits et dépouilles d'animaux. III. Pêches IV. Substances propres à la médecine et à la parfumerie. V. Matières dures à tailler. **Deuxième Section** Matières végétales. VI. Farineux alimentaires. VII. Fruits et graines. VIII. Denrées coloniales de consommation. IX. Sucs végétaux. X. Espèces médicinales. XI. Bois communs. XII. Bois exotiques. XIII. Fruits, tiges et filaments à ouvrer. XIV. Teintures et tanins. XV. Produits et déchets divers. **Troisième Section.** Matières minérales. XVI. Pierres, terres et combustibles minéraux. XVII. Métaux. **Quatrième Section.** Fabrications. XVIII Produits chimiques. XIX. Teintures préparées XX. Couleurs. XXI. Compositions diverses. XXII. Boissons. XXIII. Vitrifications. XXIV. Fils. XXV. Tissus. XXVI. Papier et ses applications. XXVII. Ouvrages en matières diverses. C'est d'après cette méthode que les marchandises sont classées dans le tableau du commerce de la France. Mais comme le mouvement commercial est encore envisagé sous un autre point de vue en raison de leur espèce et de leur destination, l'on	Marchandises soumises aux droits d'entrée. Bestiaux. Beurre. Bois. Boissons. Bougies. Cacao. Café. Caoutchouc ouvré. Chevaux Conserves alimentaires Cuivre et nickel. Épiceries. Étain, plomb et zinc, ouvrés. Fer et acier. Fils. Fruits. Grains. Habillements. Instruments de musique. Machines et mécaniques. Mercerie, quincaillerie et parfumerie. Miel. Or et argent, ouvrés. Papiers. Peaux. Pierres. Poissons. Poteries. Poudre à tirer Produits chimiques. Produits divers. Riz. Savons. Sel. Sucres. Tabacs. Thés. Tissus. Verrerie. Viandes. Autres marchandises. Sous la rubrique générale **Autres marchandises** sont réunies les marchandises qui sont exemptes de droits d'entrée. Le même système est conservé dans le tableau du commerce de la Belgique. Les marchandises exemptes de droits d'entrée, étant réunis dans le Tarif des douanes en ordre alphabétique sous la rubrique „Autres	**Catégorie I.** Eaux, boissons et huiles. **Catégorie II.** Denrées coloniales, sucs végétaux, espèces médicinales, produits chimiques teintures, matières colorantes et tanins, articles divers et parfumeries. **Catégorie III.** Fruits, grains, légumes, plantes et fourrages. **Catégorie IV.** Graisses. **Catégorie V.** Pêches. **Catégorie VI.** Bestiaux. **Catégorie VII.** Peaux (pelleteries). **Catégorie VIII.** Chanvre, lin et fabrications relatives. **Catégorie IX.** Coton et fabrications relatives. **Catégorie X.** Laine, poil, crin, et fabrications relatives. **Catégorie XI.** Soie et fabrications relatives. **Catégorie XII.** Céréales, farines et pâtes. **Catégorie XIII.** Bois et ouvrages en bois. **Catégorie XIV.** Papier et livres. **Catégorie XV.** Mercerie, quincaillerie et objets divers. **Catégorie XVI.** Métaux communs et ouvrages en ces métaux.	Classe I. Denrées coloniales et fruits du sud. — Art. 1—7. — II. Tabacs et produits de tabac. — Art. 8. — III. Fruits. — Art 9—13. — IV. Animaux. — Art. 14—16. — V. Produits d'animaux (non spécialement dénommés). — Art. 17—21. — VI. Graisses et huiles grasses. — Art. 22—23. — VII. Boissons et comestibles. — Articles 24—28. — VIII. Combustibles, matières de construction et de métier. — Art. 29—32. — IX. Drogueries, substances propres à la chimie, et à la pharmacie, teintures et tanins. — Art. 34—37. — X. Métaux minerais, bruts et demi-ouvrés. — Art. 38—44. — XI. Matières textiles (filamenteuses). — Art. 45—48. — XII. Fils. — Articles 49—51. — XIII. Tissus et articles en tissus confectionnés. — Articles 52—57. — XIV. Ouvrages en soie de cochon, en liber, en fils de coco, en jonc, en herbe, en roseau, en copeaux et en paille, ainsi que papier et ouvrages en papier. — Art. 58—60. — XV. Cuir et ouvrages en cuir, pelleterie et ouvrages pareils. — Art. 61—62. — XVI. Ouvrages en os, en bois, en verre, en pierre et en argile. — Art. 63—67. — XVII. Ouvrages en métaux. — Articles 68—70. — XVIII. Équipages et navires. — Articles 71—72. — XIX. Instruments, machines et mercerie. — Art. 73—75. — XX. Produits chimiques, couleurs, produits de graisse et compositions fulminantes. — Articles 76—78. — XXI. Oeuvres de	Section I. Thé. Sucre. Confitures. Sirops. Section II. Boissons spiritueuses, vin et bière Tabacs et cigares. Section III. Métaux et ouvra en métaux. Charbon. Pierres précieuses. Section IV. Laine. Section V. Fabrications en laine. Section VI. Coton et fabrication en coton. Section VII. Lin: fils, toiles autre tissus et articles en lin. Section VIII. Soie et fabrication en soie. Section IX. Ouvrages en argile, gresserie, faïence, ouvrages en ardoise (schiste), craie, verre et ouvrages en verre. Section X. Couleurs, etc. Section XI. Drogueries, teintures, épices, huiles, Fruits, etc. Section XII. Articles qui sont passibles du droit de 50% de la valeur. Section XIII. Autres articles divers, et marchan

RUSSIE.	ZOLL-VEREIN.	ANGLETERRE.	FRANCE.	BELGIQUE.	ITALIE.	AUTRICHE.	ÉTATS-UNIS.
III. Ouvrages en bois, gomme élastique, chiffons et paille. — Art. 179—184. IV. Ouvrages en cheveux, crin, soie de porc et cuir. — Art. 185—187. V. Tissus: A. de lin et de chanvre — Articles 188-195. B. de soie. — Art. 196—200. C. de laine — Art. 201—209. D. de coton. — Art. 210—213. E. Tulle et dentelles. — Articles 214—215. F. Tissus turcs. Art. 216—218. VI. Ouvrages en matières diverses. A. Effets à usage et vêtements.— Art. 219—224. B. Cosmétiques, parfumerie etc. — Art. 225-226. C. Mercerie et bimbeloterie. — Art. 227—230. D. Instruments divers. — Articl. 231—234. E. Voitures et waggons.— Art. 235—236. VII. Articles divers. — Art. 237—244. **Troisième division.** Marchandises prohibées.—Art. 243—253. La même classification est adoptée pour les tableaux du commerce de la Russie. Les marchandises d'importation sont groupées en raison des articles du tarif des douanes. (Обзоръ внѣшней торговли Россіи.)	33. Pierres et ouvrages en pierre 34. Houille, lignite, tourbe. 35. Ouvrages en roseau et en liber. 36. Goudron. 37. Animaux et produits d'animaux non autrement dénommés. 38. Poteries. 39. Bestiaux. 40. Toile cirée, mousseline et taffetas cirés. 41. Laine. 42. Zinc et ouvrages en zinc. 43. Étain et ouvrages en étain, même allié à l'antimoine. 44. Articles non compris dans les Nos. qui précèdent. C'est d'après cette classification que les marchandises sont indiquées aussi dans le tableau du commerce de l'Union des douanes allemandes (Zoll-Verein). (Statistische Uebersichten über Waaren-Verkehr und Zoll-Ertrag im deutschen Zoll-Verein).	bleau du commerce. L'ordre alphabétique est admis dans le tableau du commerce de l'Angleterre. (Annual statement of the Trade and Navigation of the United Kingdom)	distingue encore, à l'importation : 1 les matières nécessaires à l'industrie, 2. les objets naturels de consommation, 3. les objets de consommation fabriqués. Pour faciliter les rapprochements on a placé, en regard de chaque marchandises un signe particulier, qui indique à laquelle de ces divisions elle appartient. (Tableau général du commerce de la France).	marchandises", ne sont pas indiquées dans le tableau du commerce sous la même rubrique, mais elles sont comprises dans l'ordre général alphabétique. (Statistique de la Belgique. Tableau général du commerce avec les pays étrangers).	Catégorie XVII. Or, argent, ouvrages relatifs et pierres précieuses. Catégorie XVIII. Pierres, terres et autres fossiles. Catégorie XIX. Vaisselle, verre et cristaux. Catégorie XX. Tabacs. Le compte-rendu du commerce du Royaume d'Italie est basé sur la même classification (Saggio sul commercio esterno del Regno d'Italia)	littérature et d'art. — Art. 79. — XXII. Déchets — Art. 80. Chaque article a ses sous-divisions, notées par lettres et chiffres. Dans le tableau du commerce, les marchandises sont groupées suivant la même classification, mais les articles exempts de droits d'entrée n'y sont pas indiqués. (Ausweise über den auswärtigen Handel Oesterreichs).	dises exemptes de droits d'entrée. Cette classification n'est adoptée que pour le Tarif des douanes, tandis que, dans le tableau du commerce, les marchandises sont comprises dans deux listes en ordre alphabétique : 1. Marchandises exemptes de droits d'entrée. 2. Marchandises soumises aux droits d'entrée. (Annual report of the chief of the bureau of statistic on the commerce and navigation of the United-States).

Un coup-d'oeil sur ce tableau suffit pour se convaincre de l'impossibilité de faire une étude comparée et de choisir une classification qui puisse être adoptée comme un système universel.

Certain gouvernement ne suit aucun système de classification et garde l'ordre alphabétique, la classification des marchandises pour un autre est admise sous un point de vue exclusivement financier, de sorte que dans la même section se groupent des marchandises qui ne sont point analogues; tandis qu'un troisième gouvernement maintient la méthode admise en 1820, et fait remarquer dans le tableau du commerce, que «ces classifications peuvent sans doute être considérées comme un peu arbitraires.» Dans les Tarifs de douanes revus et mis en vigueur pendant les dernières années on remarque déjà une classification plus rationelle, mais les trois divisions: marchandises exemptes de droits d'entrée, soumises aux droits et prohibées, ne peuvent correspondre aux autres tarifs.

Nous sommes donc forcés de composer une classification universelle et praticable, afin qu'elle puisse nous servir pour former un tableau des unités sur lesquelles portent les droits d'entrée et qu'elle soit en même temps applicable aux différents Tarifs.

Il nous semble que, dans lo but d'obtenir une statistique du commerce international, les marchandises pourraient être classées de la manière suivante:

GROUPE I.

Matières naturelles primitives: animales, végétales et minérales.

Section A. Animaux et dépouilles d'animaux.
    "   B. Végétaux et substances végétales: médicinales et combustibles.
    "   C. Pierres, minerais et combustibles minéraux.

GROUPE II.

Comestibles.

Section A. Vivres de première nécessité.
    "   B. Articles comestibles du luxe modéré.
    "   C. Articles de confiserie et de pâtisserie.

GROUPE III.

Boissons et produits liquides pour la consommation.

Section A. Spiritueux, vins et bières.
    "   B. Autres boissons, jus, eaux, vinaigre.

GROUPE IV.

Denrées coloniales.

Section A. Épicerie.
    "   B. Café, succédanés et cacao.
    "   C. Thés.
    "   D. Sucre.
    "   E. Tabacs.

GROUPE V.

Produits chimiques et pharmaceutiques.

Section A. Substances chimiques, produits naturels, propres à l'industrie et à la pharmacie.
    "   B. Produits chimiques préparés pour l'industrie et la pharmacie; compositions fulminantes.
    "   C. Couleurs, teintures et tanins.

GROUPE VI.

Graisses, huiles et savons.

Section A. Graisses et huiles.
    "   B. Substances d'éclairage.
    "   C. Savons.

GROUPE VII.
Métaux (communs), demi-ouvrés, préparés pour l'industrie.

Section A. Métaux purs.

„ B. Métaux zingués, cuivrés etc., alliages métalliques.

GROUPE VIII.
Métaux ouvragés (communs).

Section A. Pièces en fonte, ouvrages forgés, en tôle, en fil, ustensiles de ménage, **serrurerie**.

„ B. Coutellerie.

„ C. Armes et munitions de guerre.

GROUPE IX.
Articles indispensables aux fabriques et outils des arts et métiers.

Section A. Machines, mécaniques et appareils.

„ B. Outils.

GROUPE X.
Brosserie, ouvrages en plume, crin, cheveux, etc.

GROUPE XI.
Vannerie et boissellerie.

GROUPE XII.
Ouvrages en bois.

Section A. Ouvrages de charpenterie et tonnellerie.

„ B. Ouvrages de menuiserie et de tourneur.

GROUPE XIII.
Caoutchouc et gutta-percha.

GROUPE XIV.
Ouvrages en pierres, grès, poterie et verrerie.

Section A. Ouvrages on pierre.

„ B. Poterie, faïences et porcelaines.

„ C. Verres et miroirs.

GROUPE XV.
Tannerie et pelleterie.

Section A. Peaux, cuirs et ouvrages en cuir.

„ B. Fourrures.

GROUPE XVI.
Papeterie.

Section A. Papier et ses applications.

„ B. Carton et cartonnages.

GROUPE XVII.
Industrie textile.

Section A. Coton: fils, tissus, passementerie et bonneterie.

„ B. Lin, chanvre, jute etc.: fils, tissus, passementerie et bonneterie.

„ C. Laine: fils, tissus, passementerie et bonneterie.

„ D. Soie: fils, tissus, passementerie et bonneterie.

GROUPE XVIII.

Articles d'habillément, chaussure, chapellerie et confections.

Section A. Lingerie et articles de toilette.
    „   B. Vêtements et articles de mode, fleurs artificielles, passementerie d'or et d'argent, etc.
    „   C. Chapellerie.
    „   D. Chaussure.
    „   E. Effets à usage, objets d'ameublement, d'ornement et autres confections.

GROUPE XIX.

Objets de luxe et mercerie.

Section A. Métaux et pierres précieux, bijouterie.
    „   B. Bronze d'art et objets de beaux-arts.
    „   C. Mercerie, quincaillerie et bimbeloterie.

GROUPE XX.

Parfumerie.

GROUPE XXI.

Pièces complètes composées de matières diverses.

Section A. Véhicules.
    „   B. Instruments de musique.
    „   C. Meubles et lampes.
    „   D. Horlogerie.

GROUPE XXII.

Matériel des sciences et de l'enseignement.

Section A. Instruments de physique, de chimie, de chirurgie, etc.
    „   B. Livres, cartes géographiques, objets de collection ou de muséum, etc.
    „   C. Jouets d'enfants.

GROUPE XXIII.

Déchets et engrais.

Suivant cette classification les marchandises seront groupées dans le tableau comparatif, ci-après, des unités sur lesquelles portent les droits d'entrée dans les principaux pays européens, ainsi que dans les États-Unis.

Dans la seconde partie de ce travail nous tâcherons de démontrer que la classification susmentionnée pourrait être introduite dans les tarifs de douanes des différents pays pour obtenir une rédaction uniforme de ces tarifs en conservant toutes les nuances particulières à chacun d'eux. Nous nous permettrons d'y énoncer en outre notre opinion sur les compléments aux tarifs de douanes, qui nous semblent être utiles au public de tous les pays, aux manufacturiers et aux commerçants, et sur le moyen de recueillir des données statistiques pour déterminer le mouvement du commerce international.

Tel est le travail que nous nous permettons de présenter à l'appréciation du Congrès international de statistique.

PREMIÈRE PARTIE.

ABRÉVIATIONS.

abs.	—	veut dire que la marchandise n'est pas indiquée.
B.	—	brut (poids —).
bout.	—	bouteille.
Bush.	—	bushels.
conv.	—	conventionnel, (Tarif) —.
Ctr.	—	centner (Zoll-Centner).
Cwts.	—	hundred-weight.
douz.	—	douzaine.
ex.	—	excepté.
gén.	—	générales, (valeur ou quantité) — des marchandises comprises dans une catégorie.
hect.	—	hectolitre.
kilog.	—	kilogramme.
Load.	—	charge = 40 pieds cubes.
Lbs.	—	avoir du poids (livre).
M. cub.	—	mètre cube.
Mil.	—	millier = 1000 kilog.
N.	—	net (poids —). Remarque. Poids sans B. ou N. veut dire le poids après déduction de la tare.
Tb	—	tableau du commerce. — Remarque. L'omission des lettres *Tb.* veut dire que la même unité figure dans le tarif et dans le tableau du commerce.

№		RUSSIE.	ZOLL-VEREIN.	AUTRICHE.	FRANCE.	BELGIQUE.	ITALIE.	ANGLETERRE.	ÉTATS-UNIS.	RENVOI AUX TARIFS.
	Groupe I. Matières naturelles, primitives animales, végétales et minérales. **Section A.** Animaux et dépouilles d'animaux.									
1	Animaux (bestiaux): Taureaux, bœufs, vaches, bouvillons, tourillons, génisses et veaux.	libres. Tb. la valeur.	libres. Tb. par tête.	par tête.	par tête.	poids, kilog. B. Tb. par tête.	par tête.	libres. Tb. par tête.	% de la valeur.	pour № 1—21. Russie. 1 division I. II. et III. Zoll-Verein. № 11. 12. 30. 37. 39. Autriche. III. IV. VIII. IX. X. XI XVI. France. I. II. III. V. VII. X. XI. XII. XIII. XV. XVI. Italie. Cat. II. III. IV. VI. XIII. XVI. XVIII. États-Unis. XI. XII. XIII et sec. exempts des droits.
	Béliers et agneaux	libres. Tb. la valeur.	libres. Tb. par tête.	par tête (ex. conr., libres).	par tête.	par tête.	par tête.	libres. Tb. par tête.	% de la valeur.	
	Chevaux (hongres, juments, étalons et poulains).	libres. Tb. la valeur.	libres. Tb. par tête.	par tête.	par tête.	par tête.	par tête.	libres. Tb. par tête.	% de la valeur.	
	Cochons	par tête. Tb. la valeur.	libres. Tb. par tête.	par tête.	par tête.	par tête.	par tête.	libres. Tb. par tête.	% de la valeur.	
	Oiseaux (ex. volaille) et poissons (ex. comestibles).	libres. Tb. la valeur.	libres. Tb. par tête	libres. Tb. par pièces.	par tête.	libres. Tb. la valeur.	par tête.	libres. Tb. valeur gén.	% de la valeur.	
	Autres animaux, non dénommés	libres. Tb. la valeur.	libres. Tb. par tête.	libres. Tb. abs.	libres. Tb. la valeur.	libres. Tb. la valeur.	par tête.	libres. Tb. la valeur gén.	% de la valeur.	
	Remarque. Gibier et volaille, homards, huîtres et autres mollusques et poissons, comestibles, aussi que la viande etc.; v. Groupe II, sect. A et B; graisses, v. gr. VI, sect. A									
2	—— Abeilles en ruches	libres. Tb. la valeur.	libres. Tb. pièces de ruches.	abs.	libr. Tb. nombre de ruches.	libres. Tb. la valeur.	libres. Tb. la valeur gén.	libres. Tb. la valeur gén.	% de la valeur.	
3	—— Cocons de soie	libres. Tb. la valeur.	libres. Tb. poids: Ctr.	poids: Ctr. B.	poids: kilog.	libres. Tb. la valeur.	libres. Tb. poids: kilog.	libres. Tb. poids: Cwts.	poids: Lbs.	
4	—— Sangsues	libres. Tb. poids: poude.	libres. Tb. poids: Ctr.	poids: Ctr.	libr. Tb. nombre, le mille.	libres. Tb. la valeur.	libres. Tb. Tb. la val. gén.	libres. Tb. valeur gén.	libres. Tb. valeur.	
	Cantharides et autres matières animales propres à la pharmacie.	poids: poude.	libres. Tb. poids: Ctr.	poids: Ctr.	poids: Ctr. B.	poids: kilog. B.	libres. Tb. la valeur.	libres. Tb. valeur gén.	libres. Tb. valeur.	
5	Plumes et duvet	libres. Tb. poids: poude.	libres. Tb. poids: Ctr.	poids: Ctr.B.(ex. conv. libres).	poids: kilog. B.	libres. Tb. la valeur.	poids: kilog. Tb. la valeur gén.	libres. Tb. poids: Cwts	% de la valeur.	
6	Crins et poils de vache, de bœuf, de taureau, d'élan et de chevaux; soie de cochon.	libres. Tb. poids: poude.	libres. Tb. poids: Ctr.	libres. Tb. poids: Ctr. B.	poids: kilog. B.	libres. Tb. la valeur.	poids: kilog. Tb. la valeur gén.	poids: Cwts. ex. soie de cochon, soie de cheval, poids: Lbs.	libres, ex. soie de cochon, poids: Lbs. Tb. poids: Lld.	
	Autres	libres. Tb. poids: poude.	libres. Tb. poids: Ctr.	libres. Tb. poids: Ctr. B.	libres. Tb. valeur.	libres. Tb. valeur.	poids: kilog. Tb. la val. gén.	libres. Tb. valeur gén.	libres. Tb.	
7	Fanons de baleine	libres. Tb. poids: poude.	libres. Tb. poids: Ctr.	libres. Tb. poids: Ctr. B.	poids: kilog. B.	libres. Tb. la valeur.	poids: kilog. Tb. la val. gen.	libres. Tb.	% de la valeur. Tb. poids: Lbs.	
8	Dents d'éléphant (ivoire), de morse, de loup.	libres. Tb. poids: poude.	libres. Tb. poids: Ctr.	libres. Tb. poids: Ctr. B.	poids: kilog. B.	libres. Tb. la valeur.	poids: kilog. Tb. la val. gen.	libres. Tb.	% poids: Lbs.	
9	Os, sabots, cornes, crin etc.	libres. Tb. poids: poude.	libres. Tb. poids: Ctr.	libres. Tb. poids: Ctr. B.	poids: kilog. B.	libres. Tb. la valeur.	libres. Tb. valeur gén.	libres. Tb. Poids: tons.	% de la valeur.	
	Section B. Végétaux et substances végétales: médicinales, combustibles.									
10	Fourrage: foin, trèfle, herbes, paille, etc.	libres. Tb. poids: poude.	libres. Tb. poids: Ctr.	libres. Tb. abs.	libres. Tb.	libres. Tb. poids: kilog.	poids: kilog.	libres. Tb. la valeur gén.	% de la valeur.	
11	Houblon	libres. Tb. poids: poude.	libres. Tb. poids: Ctr.	poids: Ctr. N.	poids: kilog. N.	poids: kilog.	poids: kilog. (ex. conv. libres) Tb. la val. gen.	libres. Tb.	libres. Tb. la valeur gén.	
12	Chardons, cardères	libres. Tb. poids: poude.	libres. Tb. poids: Ctr.	libres. Tb. abs.	libres. Tb. poids: kilog.	libres. Tb. la valeur.	libres. Tb. la valeur gén.	libres. Tb. la valeur gén.	libres. Tb. la valeur gén.	
13	Liége brut, râpé ou en planches	libres. Tb. poids: poude.	libres. Tb. poids: Ctr.	libres Tb. poids: Ctr. B.	poids: kilog. B. ex. des pays de production, libres. Tb. poids: kilog	libres. Tb. la valeur.	poids: kilog. ex. conv. libres. Tb.	libres. Tb. poids: tons.	% de la valeur.	
14	Bois de construction	libres, Tb. la valeur.	libres. Tb. mesure: millier (Schiffslast).	mesure: pieds cub. ex. conv. libres Tb. mesure: pieds cub.	kilog. mesure: 100 mètres de long ex. du Sénégale. libres. Tb., mesure: stère.	mesure: mètres cub.	libres. Tb. la valeur.	libres. Tb. mesure: loads.	libres, ex. bambou, % de la valeur. Tb. la valeur.	
15	Arbres, plantes, fleurs, feuilles, racines, semences (ex. les céréales v. gr. II. sect. A), fruits (ex. comestibles, v. gr. II, sect. B), mousses et autres matières végétales — vivants, séchés. ou propres à la pharmacie. *Remarque.* Matières végétales filamenteuses, v. gr. XVII, sect. A et B et propres à la teinture et tanins, v. gr. V, sect. C.	libres. Tb. poids: poude.	libres. Tb. poids: Ctr.	poids: Ctr. B. quelques-uns, libres Tb poids: Ct. B, articl. libr., abs. (ex.conv., libr.).	poids: kilog. B, quelques-uns libres. Tb. poids: kilog. B.	libres. Tb. la valeur.	poids: kilog. N. ex. plantes, libres. Tb. la valeur gén.	semence d'herbes et de montardes, poids: Cwts, de coton: tons; de lin, de chanvre, de bette, de pavot, de pois: quarters; autres, % de la valeur.	% de la valeur	
16	Chauffage. Bois	libre. Tb. la valeur.	libres. Tb. mesure: klafter.	mesure: pied cub.	libres. Tb. bûches et rondins. mesure: stère, fagots: pièces.	% de la valeur.	libres. Tb. mesure: stère.	libres. Tb. mesure: loads.	% de la valeur. Tb. cardes.	
	Charbon de bois	libre. Tb. poids: poude.	libres. Tb. poids: Ctr.	libres. Tb. abs.	libres. Tb. mesure: mètre cub.	libres. Tb. poids: kilog.	libres. Tb. poids: kilog.	libres. Tb. la valeur gén.	poids: tons.	
	Tourbe et autres combustibles végétaux.	libres. Tb. poids: poude.	libres. Tb. poids: Ctr.	libres. Tb. abs.	libres. Tb. poids: kilog.	libres. Tb. poids: kilog.	libres. Tb. poids: kilog.	libres. Tb. la valeur gén.	poids: tons.	
	Section C. Pierres, minerais et combustibles minéraux.									
17	Albâtre, plâtre, marbre, ardoise, graphite, cailloux et autres pierres à l'état brut. *Remarque.* Pierres précieuses v. gr. XIX.	libres. Tb. poids: poude.	libres. Tb. poids: Ctr.	libres Tb. abs.	poids: B, ex. conv. libres. Tb. poids: kilog.	libres. Tb. poids: kilog. ex. conv. ardoise. pièces de 1000 p. Tb. pièces.	libres (ex. graphite et plâtre. poids: kilog., conv. libres). Tb. la valeur gén., mais marbre. poids: le millier.	libres. Tb. la valeur gén.	mesure: pied cub. et + % de la valeur, ex. plâtre. libre. Tb. poids: Cwts.	
18	Chaux, ciment, craie, talc, argile et autres terres. *Remarque.* Terres pour teinture v. gr. V. sect. C.	libres. Tb. poids: poude.	libres. Tb. poids: Ctr.	libres. Tb. abs.	poids: B. ex. conv. libres. Tb. poids: kilog.	libres. Tb. poids: kilog.	libres (ex. chaux. poids: kilog., conv. libre). Tb. la valeur gén., mais chaux. poids: kilog.	libres. Tb. la valeur gén.	poids, chaux et ciment: Cwts. et Lbs., argile: tons.	
19	Ambre jaune et noir, nacre de perle, coraux, écume de mer.	libres. Tb. poids: poude.	libres. Tb. poids: Ctr.	poids: Ctr. B.	poids: kilog. B. ex. de pays hors d'Europe, libres. Tb. poids: kilog.	libres. Tb. la valeur.	libres. Tb. la valeur gén.	libres. Tb. la valeur gén.	% de la valeur.	
20	Minerais de toute espèce, pierre d'aimant, amiante, etc.	libres. Tb. poids: poude.	libres. Tb. poids: Ctr.	libres, Tb. abs.	libres. Tb. poids: kilog.	libres. Tb. poids: kilog.	libres. Tb. la valeur gén.	libres. Tb. la valeur gén.	% de la valeur.	
21	Houille, coke, et autres combustibles minéraux.	libres ex. pour la Pologne poids: poude. Tb. poids: poude.	libres. Tb. poids: Ctr.	poids: Ctr. B.	poids: kilog. B. mesure: tonneau de 1000 kilog.	libres. Tb. poids: kilog. mesure: tonneau de 1000 kilog.	libres (ex. conv. poids: millier). Tb. poids: millier.	libres. Tb. la valeur gén abs.	poids: tons, mais coke, % de la valeur.	
	Groupe II. Comestibles. **Section A.** Vivres de première nécessité.									
22	Viande fraîche	libres. Tb. poids: poude.	libres. Tb. poids: Ctr.	poids: Ctr. N.	poids: kilog. B.	poids: kilog.	poids: kilog ex. conv. libre. Tb. la valeur gén.	libre. Tb. poids: Cwts.	poids: Lbs.	pour № 22—48. Russie. 1 division I. 2 division 1 sec. I. II. III. IV. Zoll-Verein. № 9, 25, 37. Autriche. I. III. IV. V. VII. IX. France. II. III. VI. VIII. XV. XVIII. XXI.
	—— salée, fumée ou séchée, andouilles (boudins, saucisses, cervelas etc.).	poids: poude.	poids: Ctr.	poids: Ctr. N.	poids: kilog. B.	poids: kilog.	poids: kilog. ex. conv. libre. Tb. la valeur gén.	libre. Tb. poids: Cwts.	% de la valeur.	
23	Bouillon et extrait de viande	libres. Tb. poids: poude.	poids. Ctr.	poids: Ctr. N.	libres. Tb. la valeur gén.	poids: kilog.	poids: kilog. ex. conv. libre. Tb. la valeur gén.	libres. Tb. poids: Cwts.	% de la valeur.	
24	Produits de laiterie: lait	libres. Tb. poids: poude.	libres. Tb. poids: Ctr.	libres, Tb. abs.	libres. Tb. poids: kilog.	libres. Tb. abs.	poids: kilog.	libre. Tb. la valeur gén.	% de la valeur.	
	beurre	poids: poude.	poids: Ctr.	poids: Ctr. N.	salé, poids: kilog., frais, libres. Tb. poids: kilog.	poids: kilog.	poids: kilog.	libre. Tb. poids: Cwts.	poids: Lbs.	

№		RUSSIE.	ZOLL-VEREIN.	AUTRICHE.	FRANCE.	BELGIQUE.	ITALIE.	ANGLETERRE.	ÉTATS-UNIS.	RENVOI AUX TARIFS.
	fromage	poids: poude.	poids: Ctr.	poids: Ctr. N.	poids: kilog.	poids: kilog.	poids: kilog.	libre. *Tb.* poids: Cwts.	poids: Lbs.	*Italie.* II. III. IV. V. XII. *États-Unis.* I. XI.
25	Oeufs	libres. *Tb.* poids: poude.	libres. *Tb.* poids: Ctr.	libres. *Tb.* abs.	libres. *Tb.* poids: kilog.	libres. *Tb.* de volaille, pièces, autre, sa valeur.	libres. *Tb.* la valeur gén.	libres. *Tb.* nombre: great hundred.	%de la valeur.	
26	Poisson (comestible): 1) frais	libres. *Tb.* poids: poude.	libres. *Tb.* pièces ou poids: Ctr.	libres. *Tb.* poids: Ctr. B.	poids: kilog. N.	poids: kilog. ex. anchois et ecrevisse. la valeur. *Tb.* la valeur.	de rivière, libre, de mer, poids: kilog. ex. conv. libre. *Tb.* la valeur gén.	libre. *Tb.* poids: Cwts.	nombre de barils ou poids: Lbs.	
	2) salé et fumé, *ex.* harengs ...	poids: poude.	poids: Ctr.	poids: Ctr.	poids: kilog. B.	poids: kilog. *Tb.* la valeur.	poids: kilog.	libres. *Tb.* poids: Cwts.	%de la valeur.	
	Harengs: 1) fumés	poids: poude.	poids: Ctr.	poids: Ctr. B.	poids: kilog.	poids: kilog. *Tb.* la valeur.	poids: kilog.	libres. *Tb.* poids: Cwts.	%de la valeur.	
	2) salés	le baril à 10 poudes, moins de 10 p., poids: poude B.	le baril.	le baril.	poids: kilog.	poids: kilog. *Tb.* la valeur.	poids: kilog.	libres. *Tb.* poids: Cwts.	le baril.	
27	Miel et mélasse de miel	poids: poude.	poids: Ctr.	poids: Ctr. B.	libres. *Tb.* poids: kilog.	poids: kilog. ex. conv. mélasse, libre.	poids: kilog. *Tb.* la valeur gén.	libres. *Tb.* la valeur gén.	mesure: gallon.	
28	Céréales en cosse de toute sorte	libres. *Tb.* poids: poude.	libres. *Tb.* mesure: boisseau (Scheffel).	poids: Ctr. B.	poids: kilog.	poids: kilog.	poids: kilog. *Tb.* mesure: hect. ex. avoine, poids: kilog.	libres. *Tb.* poids: Cwts.	différ.: poids: Cwts. et Lbs., mesure: barils et bush.	
29	Riz	poids: poude.	libre. *Tb.* mesure: boisseau (Scheffel).	poids: Ctr. B. ex. conv. riz en cosse, libre. *Tb.* poids: Ctr. B.	poids: kilog.	poids: kilog.	libre. *Tb.* poids: kilog.	libre. *Tb.* poids: Cwts.	poids: Lbs.	
30	Produits de la meunerie: farine, malt, gruaux, orge perlée, semoule.	poids: poude.	libres. *Tb.* poids: Ctr.	poids: Ctr. B.	poids: kilog.	poids: kilog.	poids: kilog.	libres. *Tb.* poids: Cwts.	différ.: poids: Cwts. et Lbs. et %de la valeur.	
31	Produits des céréales: pain ordinaire et biscuits de mer.	libres. *Tb.* poids: poude.	libres. *Tb.* poids: Ctr.	poids: Ctr. B.	poids: kilog.	poids: kilog.	libres. *Tb.* poids: kilog.	libres. *Tb.* poids: Cwts.	%de la valeur.	
	Vermicelle et macaroni	poids: poude.	libres. *Tb.* poids: Ctr.	poids: Ctr. N.	poids: kilog.	poids: kilog.	libres. *Tb.* poids: kilog.	libres. *Tb.* poids: Cwts.	%de la valeur.	
	Sagou et arrow-root	poids: poude.	libres. *Tb.* poids: Ctr.	poids: Ctr. N.	poids: kilog.	poids: kilog.	libres. *Tb.* poids: kilog.	libres. *Tb.* poids: Cwts.	sagou, poids: Lbs., arrow-root, %de la val.	
32	Pommes de terre, marrons, châtaignes, pois, haricots, légumes secs et leur farine.	farine, marrons, châtaignes, poids: poude. autres, libres. *Tb.* poids: poude.	marrons, châtaignes, poids: Ctr., autres, libres. *Tb.* poids: Ctr.	poids: Ctr. B.	libres. *Tb.* poids: kilog.	poids: kilog. ex. conv. pommes de terre, libres. *Tb.* poids: kilog.	libres. *Tb.* poids: kilog.	libres. *Tb.* la valeur gén., mais pommes de terre, poids: Cwts.	%de la valeur et pommes de terre, mesure: bush.	
33	Amidon et fécule	poids: poude.	poids: Ctr.	poids: Ctr. B.	poids: kilog. B.	poids: kilog.	amidon, poids: kilog., fécule, libre. *Tb.* poids: kilog.	libres. *Tb.* poids: Cwts.	poids: Lbs. et + %de la valeur.	
34	Levure sèche et pressée	poids: poude.	poids: Ctr.	poids: Ctr. N.	libre. *Tb.* poids: kilog.	libre. *Tb.* la valeur.	poids: kilog. *Tb.* la val. gén.	libre. *Tb.* poids: Cwts.	%de la valeur.	
35	Légumes et fruits: 1) verts ou secs, *ex.* fruits de table: v. sect. B. № 44.	libres. *Tb.* poids: poude.	libres. *Tb.* poids: Ctr.	libres. *Tb.* poids: Ctr. B.	libres. *Tb.* poids: kilog.	fruits, %de la valeur, légumes, libres. *Tb.* poids: kilog.	poids: kilog. ex. légumes verts. libres. *Tb.* poids: kilog.	%de la valeur.	%de la valeur.	
	2) salés, trempés ou pressés .... *Remarque.* Légumes et fruits en vases hermétiquement fermés (conserves) v. sect. B.	poids: poude B.	libres. *Tb.* poids: Ctr.	poids: Ctr. B. ex. conv. libres.	poids: kilog.	poids: kilog.	poids: kilog.	%de la valeur.	%de la valeur.	
36	Champignons ordinaires *ex.* truffes, mousserons, etc. v. sect. B. № 42.	poids: poude B.	libres. *Tb.* poids: Ctr.	libres. *Tb.* poids: Ctr. B.	libres. *Tb.* poids: kilog.	libres. *Tb.* poids: kilog.	poids: kilog. ex. conv. libres. *Tb.* la val. gén.	libres. *Tb.* la valeur gén.	%de la valeur.	
37	Sel de cuisine	poids: poude.	poids: Ctr.	prohibé.	poids: kilog.	libre. *Tb.* poids: kilog. mais sel raffiné, poids: kilog. ex. conv.	prohibe.	libre. *Tb.* la valeur gén.	%de la valeur.	

Section B. Articles comestibles du bien-être (luxe modéré).

№		RUSSIE.	ZOLL-VEREIN.	AUTRICHE.	FRANCE.	BELGIQUE.	ITALIE.	ANGLETERRE.	ÉTATS-UNIS.	RENVOI AUX TARIFS.
38	Gibier et volaille	libres. *Tb.* la valeur.	petites, poids: Ctr. grandes pièces, libres. *Tb.* poids: Ctr.	grandes pièces par tête, petits, libres. *Tb.* abs.	libres. *Tb.* la valeur.	poids: kilog.	poids: kilog. ex. conv., libres. *Tb.* la valeur gén.	libres. *Tb.* valeur.	poids: Lbs.	
39	Poisson mariné, à l'huile, farci, caviar, etc.	poids: poude B.	poids: Ctr.	poids: Ctr. B.	poids: kilog. N. conv. kilog. B.	poids: kilog. *Tb.* la valeur	poids: kilog.	libre. *Tb.* la valeur	%de la valeur.	
40	Huîtres, homards, moules, escargots, oursins, etc., frais, salés, séchés ou marinés.	poids: poude.	poids: Ctr.	poids: Ctr. B.	poids: kilog.; mais huîtres, nombre: le mille, ex. homards, conv., libres.	huîtres et homards, poids: kilog., moules et autres, libres. *Tb.* la valeur.	huîtres et homards, poids: kilog., mais frais, libres. *Tb.* la valeur gén.	poids: kilog. la valeur gén.	%de la valeur.	
41	Câpres, olives vertes et noires, séchées, marinées ou à l'huile (*ex.* en conserves v. № 43).	poids: poude.	poids: Ctr.	poids: Ctr. N.	poids: kilog. N.		poids: kilog. *Tb.* la valeur gén.	libres *Tb.* la valeur gén.	%de la valeur.	
42	Mousserons, champignons de couche et autres au vinaigre, à l'huile, en saumure, truffes fraîches, sèches, etc.	poids: poude.	poids: Ctr.	poids: Ctr. N.	libres. *Tb.* poids: kilog.	poids: kilog.	poids, kilog. *Tb.* la valeur gén.	libres *Tb.* la valeur gén.	%de la valeur.	
43	Condiments divers: moutarde préparée, soya, pickles et tous les articles comestibles en conserves (en vases hermétiquement fermés).	poids: poude.	poids: Ctr.	poids: Ctr. N.	poids: kilog. B.	poids: kilog.	poids: kilog. *Tb.* la valeur gén.	libres, ex. pickles au vinaigre, gallon. *Tb.* valeur gén.	%de la valeur, mais moutarde, poids: Lbs.	
44	Fruits de table: ananas, abricots, pêches, pommes, etc.	poids: poude B.	poids: Ctr.	poids: Ctr. N. ex. conv. ananas. libres.	poids: kilog. N.	%de la valeur.	poids: kilog. ex. conv. libres.	libres. *Tb.* mesure: bush.	%de la valeur.	
	oranges douces et amères et citrons	poids: poude B.	poids: Ctr.	poids: Ctr. N.	poids: kilog. N.	poids: kilog ex. conv. %de la valeur.	poids: kilog. ex. conv.	libres. *Tb.* mesure: bush.	%de la valeur.	
	raisins frais	poids: poude.	poids: Ctr.	poids: Ctr. N	poids: kilog. N.	poids: kilog	poids: kilog. ex. conv.	poids: Cwts.	poids: Lbs.	
45	Fruits et baies, secs ou tapés: prunes, figues, raisins, dattes, et autres, non candis.	poids: poude ex. raisins de Corinthe, libres.	poids: Ctr.	poids: Ctr. N	poids: kilog. N. mais raisin. kilog. B.	%de la valeur. mais lignes, raisins et prunes, poids: kilog. ex. conv. %de la valeur	poids: kilog.	poids: Cwts., conv., libres. *Tb.* poids: Cwts	poids: Lbs. mais autres, %de la valeur	
46	Noix et noisettes: 1) de bois et de jardin, noyaux de pêches: de coco, etc.	poids: poude.	libres. *Tb.* poids: Ctr.	poids: Ctr. B.	poids: kilog. B.	%de la valeur.	poids: kilog. ex. conv. libres.	libres *Tb.* mesure: bush.	poids: Lbs., mais ex. de coco, %de la valeur.	
	2) amandes	poids: poude.	poids: Ctr.	poids: Ctr. N.	poids: kilog. B.	poids: kilog.	poids: kilog.	libres. *Tb.* poids: Cwts.	poids: Lbs.	
	3) carroubes	poids: poude.	poids: Ctr.	poids: Ctr. B.	poids: kilog. B.	%de la valeur.	poids: kilog.	libres *Tb.* mesure: bush, gén.	poids: Lbs.	

Section C. Confiserie et pâtisserie.

№		RUSSIE.	ZOLL-VEREIN.	AUTRICHE.	FRANCE.	BELGIQUE.	ITALIE.	ANGLETERRE.	ÉTATS-UNIS.	RENVOI AUX TARIFS.
47	Bonbons, fruits aux liqueurs, au rhum, en sirop, et au jus, confitures, chocolat et cacao broyé, pâte et sirop de fruits, etc.	poids: poude B.	poids: Ctr.	poids: Ctr. N.	poids: kilog. N.	poids: kilog.	poids: kilog. *Tb.* la valeur gén.	poids: Cwts. *Tb.* abs.	poids: Lbs.	
48	Biscuits américains ou anglais, pain d'épices, pâtes et pâtisseries diverses.	poids: poude B.	poids: Ctr.	poids: Ctr. N.	poids: kilog. N.	poids: kilog.	poids: kilog.	poids: Cwts. *Tb.* abs.	%de la valeur.	

Groupe III.

Boissons.

Section A. Spiritueux, vins et bières.

№		RUSSIE.	ZOLL-VEREIN.	AUTRICHE.	FRANCE.	BELGIQUE.	ITALIE.	ANGLETERRE.	ÉTATS-UNIS.	RENVOI AUX TARIFS.
49	Esprit et eau-de-vie, genièvre ou gin, whiskey et infusions spiritueuses.	prohibés, *ex.* bout. nombre, bouteilles.	poids: Ctr.	poids: Ctr.	mesure, en futailles ou barils: hect. d'alcool pur; en bouteille: hect. de liquide.	mesure: hect. à 100°.	mesure: hect. ou nombre de bouteilles. *Tb.* hect.	mesure: gallon. ex. conv. libre d'alcool pur.	mesure: gallon.	Pour № 49–59 *Russie* 2. Div. 1. Sec. IV. *Zoll-Verein* № 25.

№	Désignation	RUSSIE	ZOLL-VEREIN	AUTRICHE	FRANCE	BELGIQUE	ITALIE	ANGLETERRE	ÉTATS-UNIS	RENVOI AUX TARIFS
50	Arack ou rack, rhum, cognac	poids: poude B. ou nombre de bouteilles.	poids: Ctr.	poids: Ctr.	mesure, en futailles ou barils: hect. d'alcool pur; en bouteilles: hect. de liquide.	mesure: hect. à 100°.	mesure: hect. ou nombre de bouteilles. Tb. hect.	mesure: gallon. ex. conv., litre d'alcool pur.	mesure: gallon.	Autriche VII IX. France XXII. Italie I. II. Etat-Unis II. XI.
51	Kirschwasser et eau-de-vie de prunes	Kirschw. prohibé; eau-de-vie de prune, poids: poude B. ou nombre de bouteilles.	poids: Ctr.	poids: Ctr.	mesure, en futailles ou barils: hect. d'alcool pur; en bouteilles: hect. de liquide.	mesure: hect. à 100°.	mesure: hect. ou nombre de bouteilles. Tb. hect.	mesure: gallon. ex. conv., litre d'alcool pur.	mesure: gallon.	
52	Liqueurs et essences	prohibés, ex. en bouteilles: nombre de bout.	poids: Ctr.	poids: Ctr.	mesure: hect. de liquide.	mesure: hect. à 100°.	mesure: hect. ou nombre de bouteilles. Tb. hect.	mesure: gallon. ex. conv. d'alcool pur.	mesure: gallon.	
53	Vins 1) non mousseux	poids: poude B. ou nombre de bouteilles.	poids: Ctr.	poids: Ctr. B. ex., Ctr. B.	mesure: hect. de liquide.	mesure: hect.	mesure: hect. ou nombre de bouteilles. Tb.	mesure: gallon.	mesure: gallon et + % de la valeur ou nombre de douz. % de la valeur.	
	2) mousseux	nombre de bouteilles.	poids: Ctr.	poids: Ctr. B.	mesure: hect. de liquide.	mesure: hect.	nombre de bouteilles. Tb.	mesure: gallon.	mesure: gallon.	
54	Porter et bières de toute sorte	poids: poude B. ou nombre de bout.	poids: Ctr.	poids: Ctr. B. ou Ctr. N.	mesure: hect. de liquide.	mesure: hect.	mesure: hect. ou nombre de bout. Tb. la valeur gén.	mesure: baril à 36 gallons. conv. hect.	mesure: gallon.	
	Section B. Autres boissons, jus, eaux, vinaigre.									
55	Hydromel	poids: poude B. ou nombre de bout.	poids: Ctr.	poids: Ctr. B. ou Ctr. N.	mesure: hect.	mesure: hect.	poids: kilog. Tb. la valeur gén.	libres. Tb. la valeur gén.	% de la valeur.	
56	Cidre, poiré, vin de cerise	poids: poude B. ou nombre de bout.	poids: Ctr.	poids: Ctr. B. et Ctr. N.	mesure: hect.	mesure: hect.	mesure: hect. ou nombre de bout. Tb. la valeur gén.	mesure: gallon.	% de la valeur.	
57	Jus de fruits ex. jus de fruits sucrés v. Groupe II Sect. C.	poids: poude B. (et degré d'alcool, mais plus de 16° d'alcool, prohibés): ex. jus de citron, libre. Tb.	poids: poude. poids: Ctr.	libres. Tb. poids: Ctr.	poids: Ctr. B. ex. conv. jus de citron en futailles, libre, en bout., poids: Ctr. N.	mesure: hect.	alcoolisés, mesure. hect. sans alcool. libres. Tb. poids: kilog.	poids: kilog. ex. conv. libres. Tb. la valeur gén.	mesure: gallon. alcoolisé, mesure: gallon. sans alcool. libres. Tb. la valeur gén.	
58	Eaux gazeuses, minérales naturelles et artificielles. Remarque. Eaux aromatiques v. Groupe XX.	poids: poude. nombre de cruches ou bout.	libres. Tb. poids: Ctr.	poids: Ctr. B. poids: Ctr.	poids: Ctr. B. ex. eaux minérales, libres.	poids: kilog.	libres. Tb. poids: kilog.	poids: kilogr. ex. conv. libres. Tb. la valeur gén.	libres Tb. la valeur gén.	% de la valeur et + nombre de quarters des eaux minérales
59	Vinaigre, ex. de toilette v. Gr. XX	poids: poude B. ou nombre de bout.	poids: Ctr.	poids: Ctr. B. ou Ctr. N.	mesure: hect. de liquide.	mesure: hect.	mesure: hect. ou nombre de bouteilles. Tb. la valeur gén.	mesure: gallon. conv., hect.	mesure: gallon.	
	Groupe IV. Denrées coloniales. **Section A.** Épicerie.									
60	Anis, cumin, coriandre, moutarde sèche	libres. Tb., poids: poude.	poids: Ctr.	poids: Ctr. N.	poids: kilog. N.	% de la valeur.	poids: kilog. Tb. la valeur gén.	libres Tb. poids: Lbs.	poids: Lbs.	Pour № 60—74. Russie 2. Div. 1. Sec. IV. V. Zoll-Verein № 25. Autriche I. II.
61	Cannelle, cardamome, noix et fleurs de muscade, vanille.	poids: poude.	poids: Ctr.	poids: Ctr. N.	poids: kilog. N.	% de la valeur.	poids: kilog. Tb. la valeur gén.	libres. Tb. poids: Lbs.	poids: Lbs.	

№	Désignation	RUSSIE	ZOLL-VEREIN	AUTRICHE	FRANCE	BELGIQUE	ITALIE	ANGLETERRE	ÉTATS-UNIS	RENVOI AUX TARIFS
62	Safran	poids: poude.	poids: Ctr.	poids: Ctr. N.	poids: kilog. N.	% de la valeur.	poids: kilog. Tb. la valeur gén.	libres. Tb. poids: Lbs.	poids: Lbs.	France VIII. XV. XXI. Italie II. XX. États-Unis I. II.
63	Poivre, girofle, feuilles et baies de laurier.	poids: poude.	poids: Ctr.	poids: Ctr. N.	poids: kilog. N.	% de la valeur.	poids: kilog. ex. Tb. la valeur gén.	libres. Tb. poids: Lbs.	poids: Lbs.	
64	Autres épices, gingembre, galanga etc.	poids: poude.	poids: Ctr.	poids: Ctr. N.	poids: kilog. N.	% de la valeur.	poids: kilog. Tb. la valeur gén.	libres. Tb. poids: Lbs. et gingem. Cwts.	% de la valeur. gingembre, poids: Lbs.	
	Section B. Café, succédanés, cacao									
65	Café en fèves, torréfié et moulu	poids: poude.	poids: Ctr.	poids: Ctr. N.	poids: kilog. N.	poids: kilog.	poids: kilog.	poids: Lbs., conv., kilog.	poids: Lbs.	
66	Chicorée, gland de chêne et autres succédanés de café, en morceaux, pressés ou torréfiés. Remarque. Racines v. Gr. I Sec. B.	poids: poude,	libres. Tb. poids: Ctr.	poids: Ctr. N. et Ctr. B.	poids: kilog. B.	poids: kilog. ex. conv. libres.	poids: kilog.	poids: Cwts. ou Lbs.: conv. kilog.	poids: Lbs.	
67	Cacao en fèves ou pellicules. Remarque. Cacao broyé et chocolat, v. Gr. II. Sect. C.	poids: poude.	poids: Ctr.	poids: Ctr. N.	poids: kilog. N.	poids: kilog.	poids: kilog. Tb. la valeur gén.	poids: Cwts. Tb. Lbs.	poids: Lbs.	
	Section C. Thé.									
68	Thé de fleur, vert et jaune, thé de commerce (noir), tiges de thé et thé en briques.	poids: poude.	poids: Ctr.	poids: Ctr. N.	poids: kilog. N.	poids: kilog.	poids: kilog. Tb. la valeur gén.	poids: Lbs.	poids: Lbs.	
	Section D. Sucre.									
69	Sucres: bruts et assimilés aux raffinés.	poids: poude	poids: Ctr.	poids: Ctr. N.	poids: kilog. N. ex. au-dessus du type № 20. prohibés.	libres. Tb. poids: kilog.	poids: kilog.	poids: Cwts.	poids: Lbs.	
	—— raffinés	poids: poude.	poids: Ctr.	poids: Ctr. N.	prohibés.	poids: kilog.	poids: kilog.	poids: Cwts.	poids: Lbs.	
70	Mélasse de sucre et autres; sucre de lait.	poids: poude B.	poids: Ctr.	poids: Ctr. N.	prohibés, ex. conv. poids: kilog. N. et pour la distillation, libre. Tb. poids: kilog.	poids: kilog. ex. conv. mélasse libre. Tb. poids: kilog.	poids: kilog.	poids: Cwts.	mesure. gallon. mais sucre de lait. poids: Lbs.	
	Section E. Tabacs.									
71	Tabacs en feuilles et en côtes	poids: poude.	poids: Ctr.	poids: Ctr. N.	prohibés, mais pour la Régie, poids: kilog., des entrepôts et libres, des pays hors d'Europe. Tb. poids: kilog.	poids: kilog.	prohibés.	poids: Lbs.	poids: Lbs. + % de la valeur.	
72	Tabacs fabriqués (hachés)	poids: livre.	poids: Ctr.	poids: Ctr. N.		poids: kilog.	prohibés.	poids: Lbs.	poids: Lbs. + % de la valeur.	
73	Cigares et papiros	poids: livre.	poids: Ctr.	poids: Ctr. N.		poids: kilog.	prohibés.	poids: Lbs.	poids: Lbs. + % de la valeur.	
74	Tabac à priser 1) en ronds, rouleaux et carotte.	poids: poude.	poids: Ctr.	poids: Ctr. N.		poids: kilog.	prohibés.	poids: Lbs.	poids: Lbs.	
	2) rupés	poids: livre.	poids: Ctr.	poids: Ctr. N.		poids: kilog.	prohibés, ex. d'Espagne. poids: kilog. Tb. poids: kilog.	poids: Lbs.	poids: Lbs.	
	Groupe V. Droguerie. **Section A.** Substances chimiques — produits naturels propres à l'industrie et à la pharmacie.									
75	Éponges	poids: poude.	libres. Tb. poids: Ctr.	poids: Ctr. N.	poids: kilog.	libres. Tb. la valeur gén.	libres. Tb. la valeur gén.	libres. Tb. poids: Lbs.	% de la valeur.	Pour №75-105. Russie: 1. Div. II. IV. et 2. Div. II. Sect. IV. A. B. C. D. Zoll-Verein № 5, 7, 29.
76	Colle	poids: poude.	libres. Tb. poids: Ctr.	poids: Ctr. B.	poids: kilog.	libre. Tb. la valeur gén.	poids: kilog.	libre. Tb. poids: Cwts.	% de la valeur. Tb. poids: Lbs.	
77	Goudron (brai gras), poix végétale, bitumes (asphalte, malthe, naphtagile, etc.), glu.	libres. Tb. poids: poude.	libre. Tb. poids: Ctr.	libres. Tb. poids: Ctr. B.	poids: kilog.	libres. Tb. la valeur gén.	libres. Tb. la valeur gén.	libres. Tb. poids: Cwts. ex. asphalt, tons, fluide. mesure. barils.	% de la valeur. Tb. poids: Lbs. en état fluide, mesure. barils.	

№	Désignation	RUSSIE.	ZOLL-VEREIN.	AUTRICHE.	FRANCE.	BELGIQUE.	ITALIE.	ANGLETERRE.	ÉTATS-UNIS.	RENVOI AUX TARIFS.
	—— naphte brut, noir et autres	poids: poude.	libres. *Tb.* poids: Ctr.	libres. *Tb.* poids: Ctr. B.	poids: kilog.	libres. *Tb.* la valeur gén.	libres. *Tb.* la valeur gén.	libres. *Tb.* poids: Cwts.	%/ de la valeur. *Tb.* poids: Lbs.	Autriche VIII. IX. XX. France IX. XII. XIV. XVIII. XIX. XX. Italie IX. XV XVIII. États-Unis Sec. III. XIII. XI.
78	Gomme, résines, résineux et baumes: 1) colophane, galipot	poids: poude.	libres. *Tb.* poids: Ctr.	libres. *Tb.* poids: Ctr. N.	poids: kilog.	libres. *Tb.* poids: kilog.	libres. *Tb.* poids: kilog.	libres. *Tb.* poids: Cwts.	%/ de la valeur.	
	2) storax, benjoin, ambre gris, baumes de Tolu et du Pérou.	poids: poude.	libres. *Tb.* poids: Ctr.	poids: Ctr. N.	poids: kilog. B. ex. hors d'Europe, libres.	libres. *Tb.* poids: kilog.	poids: kilog.	libres. *Tb.* poids: Cwts. baumes. Lbs.	ex. baume de Tolu, du Pérou et de copahu, poids: Lbs.	
	3) camphre et maune	poids: poude.	libres. *Tb.* poids: Ctr.	poids: Ctr. N.	poids: kilog. R. et N. ex. hors d'Europe, libres.	libres. *Tb.* poids: kilog.	poids: kilog.	libres. *Tb.* poids: Cwts.	%/de la valeur. *Tb.* camphre, la valeur, maune, poids: Lbs.	
	4) autres de toute espèce	poids: poude.	libres. *Tb.* poids: Ctr.	poids: Ctr. B.	poids: kilog. B. ex. hors d'Europe et conr., libres.	libres. *Tb.* poids: kilog.	poids: kilog.	libres. *Tb.* poids: Cwts, li-bidihi, tons.	%/de la valeur. *Tb.* poids: Lbs.	
79	Soufre et fleurs de soufre	libres. *Tb.* poids: poude.	libres. *Tb.* poids: Ctr.	libres. *Tb.* poids: Ctr. B.	poids, kilog.	libres. *Tb.* poids: kilog.	poids: kilog. ex. conr. libres.	libres. *Tb.* poids: Cwts.	soufre, poids: tons. *Tb.* Cwts, fleurs de soufre, poids: tons, -+ %/ de la valeur. *Tb.* poids: Lbs.	
80	Phosphore, éther, chloroforme, collodium, opium, lacturarium et autres substances médicinales, saumures condensées des eaux, sels de Vichy et autres sels naturels.	poids: poude.	éther, chloroforme, et collodium, poids: Ctr. autres, libres. *Tb* poids: Ctr.	poids: Ctr. N.	poids: kilog. N. ex. phosphor, conr., %/ de la valeur.	libres. *Tb.* la valeur gén.	poids: kilog. *Tb.* la valeur gén.	éther sulphurique et collodion, mesure: gallon, chloroforme, poids: Lbs., autres, libres. *Tb.* poids: Cwts.	éther, chloroforme et collodium, poids: Lbs., autres, %/ de la valeur.	
81	Émeri, pierre pouce, tripoli, hématide, calcothar et substances de ce genre.	poids: poude.	libres. *Tb.* poids: Ctr.	libres. *Tb.* poids: Ctr. B.	poids: kilog.	libres. *Tb.* la valeur gén.	libres. *Tb.* la valeur gén.	libres. *Tb.* poids: Cwts.	tripoli et crocus, %/ de la valeur, autres, poids: tous ou Lbs.	
82	Antimoine, borax, tartre, sel ammoniac, sulfate de baryte, arsenic, brom, iode, alun, sulfate d'alumine, nitrate de soude et autres substances chimiques simples.	poids: poude.	alun, poids: Ctr., autres, libres. *Tb.* poids: Ctr.	arsenic, borax, libres. *Tb.* autres, poids: Ctr. B.	poids: kilog. B. ou N.	libres. *Tb.* la valeur gén.	poids: kilog. N. conr., libres. *Tb.* la valeur gén.	libres. *Tb.* poids: Cwts.	différemment %/ de la valeur et poids: Lbs.	
83	**Section B. Produits chimiques préparés pour l'industrie et la pharmacie; compositions fulminantes.** Potasse, sel de Stassfurt, chlorure de calcium.	libres. *Tb.* poids: poude.	libres. *Tb.* poids: Ctr.	poids: Ctr.	poids: Ctr. B.	poids: kilog	libres. *Tb.* la valeur, poids: kilog.	poids:kilog. *Tb.* la valeur gén.	libres. *Tb.* poids: Cwts.	poids: Lbs.
	—— soude et sels de soude	poids: poude.	poids: Ctr.	poids: Ctr. B.	poids: Ctr. B.	poids: kilog. N. (conr. B.)	poids: kilog.	poids: kilog. N. ex. nitrate de soude, libres. *Tb.* la valeur gén.	libres. *Tb.* poids: Cwts.	poids: Lbs.
84	Prussiates, chromates et nitrates	poids: poude.	prussiates, poids: Ctr. autres, libres. *Tb.* poids: Ctr.	poids: Ctr. B.	poids: kilog. conr. %/ de la valeur.	libres. *Tb.* la valeur gén.	poids: kilog. *Tb.* la valeur gén.	libres. *Tb.* la valeur gén.	%/ de la valeur.	
85	Sulfates (couperoses): blanc, vert, bleu etc.	poids: poude.	libres. *Tb.* poids: Ctr.	poids: Ctr. B.	de baryte, libres; autres, poids: kilog. N. ou B.	libres. *Tb.* la valeur gén.	poids: kilog. *Tb.* la valeur gén.	libres. *Tb.* poids: tons.	poids: Lbs.	
86	Acides: sulfurique, nitrique, hydrochlorique, oxalique, citrique, etc.	poids: poude.	libres. *Tb.* poids: Ctr.	poids: Ctr. B.	poids: kilog. B. ou N. ex. quelques, conr. libres.	libres. *Tb.* la valeur gén.	poids: kilog. ex. conr. de benzine, de borax et ne. galtique: libres. *Tb.* poids: kilog.	libres. *Tb.* ar. sulfurique et tartrique, autres, la valeur gén.	différemment. poids: Lbs. et %/ de la valeur.	
87	Sels et autres produits chimiques ou compositions. Remarque. Cire à cacheter v. Gr. XIX. Sec. C	poids: poude.	libres. *Tb.* poids: Ctr.	poids: Ctr. B.	poids: kilog. non dénommés prohibés.	libres. *Tb.* la valeur gén.	poids: kilog.	libres. *Tb.* poids ou la valeur.	%/ de la valeur.	
88	Médicaments composés (et patentés) ..	poids: poude B.	à l'alcool et à l'éther, poids: Ctr.; autres, libres. *Tb.* poids: Ctr.	poids: Ctr. N.	prohibés. ex. eaux distillées, extraits de quinquina et kermès minéral, poids: kilog.	libres. *Tb.* la valeur.	poids: kilog. *Tb.* abs.	libres. *Tb.* poids: Cwts.	sulfate de quinine, morphine, et strychnine, poids: once; autres, %/ de la valeur.	
89	Allumettes chimiques de toute espèce	poids: poude.	libres. *Tb.* poids: Ctr.	poids: Ctr. B. ex. conr. libres. *Tb.* poids Ctr. N.	%/ de la valeur.	poids: kilog.	poids: kilog. *Tb.* la valeur gén.	libres. *Tb.* la valeur gén.	nombre de boîtes.	
	—— amadou d'agaric et papier imbibé de salpêtre.	libres. *Tb.* poids: poude.	libres. *Tb.* poids: Ctr.	poids: Ctr. B. ex. conr., libres. *Tb.* poids: Ctr. N.	%/ de la valeur.	libres. *Tb.* la valeur gén.	poids: kilog. *Tb.* la valeur gén.	libres. *Tb.* la valeur gén.	%/ de la valeur.	
90	Salpêtre: 1) brut	poids: poude.	libre. *Tb.* poids: Ctr.	libre. *Tb.* poids: Ctr. B.	%/ de la valeur.	libres. *Tb.* la valeur gén.	poids: kilog. *Tb.* poids gén.: kilog.	libres. *Tb.* poids: Cwts.	poids: Lbs.	
	2) raffiné	prohibé.	libres. *Tb.* poids: Ctr.	libre. *Tb.* poids: Ctr. B.	%/ de la valeur.	libre. *Tb.* la valeur gén.	poids, kilog. *Tb.* poids gén.: kilog.	libre. *Tb.* poids: Cwts.	poids: Lbs.	
91	Poudre à tirer, compositions pour la poudre à tirer, artifices, coton et autres compositions fulminantes.	prohibée.	libres. *Tb.* poids: Ctr.	poids: Ctr. N.	poudre, capsules projectiles, prohibées capsules de chasse, mèches de mineurs et artifices, %/ de la valeur	poudre à tirer, poids: kilog. autres, libres. *Tb.* poids:kilog.	poids: kilog. *Tb.* poids gén.: kilog.	libres. *Tb.* poids: Cwts.	poudre à tirer, poids: Lbs. -+ %/ de la valeur. *Tb.* poids: Lbs.; autres %/ de la valeur.	
92	**Section C. Couleurs, teintures et tannins.** Chlorure de chaux, eau de javelle et eau de tenant.	poids: poude.	poids: Ctr.	poids: Ctr. B.	poids: kilog. B.	libres. *Tb.* la valeur.	poids: kilog. *Tb.* la valeur gén.	libres. *Tb.* poids gén.: Cwts.	poids: Lbs.	
93	Blanc de plomb (céruse) et blanc de zinc.	poids: poude.	libre. *Tb.* poids: Ctr.	poids: Ctr. N.	poids: kilog. B.	libres. *Tb.* poids: kilog.	poids: kilog. *Tb.* la valeur gén.	libres. *Tb.* poids: gén., Cwts.	poids: Lbs.	
94	Noir animal	poids: poude.	libres. *Tb.* poids: Ctr.	poids: Ctr B.	poids: kilog. B. conr. libre. *Tb.* poids: kilog. B.	libre. *Tb.* la valeur.	poids: kilog. *Tb.* la valeur gén.	libre. *Tb.* poids: gén, Cwts.	%/ de la valeur.	
95	Encre liquide ou en poudre, cirage pour chaussure.	poids: poude.	libre. *Tb.* poids: Ctr.	poids: Ctr. N. cirage B.	poids: kilog. N.	encre à écrire poids: kilog., à marquer le linge, libre. *Tb.* la valeur, à imprimer et cirage, libres. *Tb.* poids:kilog.	poids: kilog. *Tb.* la valeur et poids gén.	libres. *Tb.* différemment la valeur ou poids: Cwts. ou Lbs.	%/ de la valeur.	
96	Indigo	poids: poude.	libre. *Tb.* poids: Ctr	poids: Ctr. B.	poids: kilog. N.	libre *Tb.* poids: kilog.	poids. kilog. *Tb.* poids gén. kilog.	libre *Tb.* poids: Cwts.	poids Lbs.	
97	Cochenille	poids: poude.	libre. *Tb.* poids: Ctr.	poids: Ctr. B.	poids: kilog. B. ex. hors d'Europe, libre. *Tb.* poids: kilog. B.	libre. *Tb.* poids: kilog.	poids: kilog. *Tb.* poids gén.: kilog.	libre. *Tb.* poids: Cwts.	poids: Lbs.	
98	Minium	poids: poude.	libre. *Tb.* poids: Ctr.	poids: Ctr. B.	poids: kilog. B.	libre *Tb.* poids: kilog.	poids: kilog. *Tb.* poids gén.: kilog.	libre. *Tb.* poids: gén., Cwts.	%/ de la valeur. *Tb.* poids: Lbs.	
99	Vert-de-gris (verdet)	poids: poude.	libre. *Tb.* poids: Ctr.	poids: Ctr. B.	poids: kilog. N.	libre. *Tb.* poids: kilog.	poids: kilog. *Tb.* poids gén.: kilog.	libre. *Tb.* poids: gén. Cwts.	%/ de la valeur. *Tb.* poids: Lbs.	

№	Désignation	RUSSIE	ZOLL-VEREIN	AUTRICHE	FRANCE	BELGIQUE	ITALIE	ANGLETERRE	ÉTATS-UNIS	RENVOI AUX TARIFS
100	Outremer et bleu de toute sorte	poids: poude.	libres. Tb. poids: Ctr.	poids: Ctr. N.	poids: kilog. N.	libres. Tb. poids: kilog.	poids: kilog. Tb. poids gén. kilog.	libres. Tb. poids: Cwts.	% de la valeur. Tb. poids: Lbs.	
101	Couleurs: à base de cuivre, d'arsenic, de cobalt, d'antimoine, de chrôme, sulfure de mercure.	poids: poude.	libres. Tb. poids: Ctr.	poids: Ctr. N.	% de la valeur.	libres. Tb. poids: kilog.	poids: kilog. Tb. poids gén. kilog.	libres. Tb. poids: Cwts.	% de la valeur.	
	—— d'aniline, acide picrique, muroxyde.	poids: poude.	libres. Tb. poids: Ctr.	poids: Ctr. N.	% de la valeur.	libres. Tb. poids: kilog.	poids: kilog. Tb. poids gén. kilog.	libres. Tb. poids: Cwts.	poids: Lbs. → % de la valeur. Tb. poids: Lbs.	
	—— pour miniature (à dessiner) de toute sorte.	poids: poude.	poids: Ctr.	poids: Ctr. N.	% de la valeur.	poids: kilog.	poids: kilog.	libres. Tb. la valeur.	% de la valeur.	
102	Teintures: 1) Bois de teinture	poids: poude.	libres. Tb. poids: Ctr. B.	libres. Tb. poids: Ctr. B.	poids: kilog. B. ex. des pays de production libres. Tb. poids: kilog. B.	libres. Tb. poids: kilog.	poids: kilog. ex. conv. libres. Tb. poids: kilog.	libres. Tb. poids: tons.	poids: Lbs.	
	2) végétales: orseille, lacmus, tournesol, orléans, graines de kermès, d'Avignon, baies de nerprun, pastel, gaude et laque de gaude, quercitron, henné, racine de garance et garance moulue (krapp), curcuma, alcana, safflor, noix de galle, etc.	poids: poude.	libres. Tb. poids: Ctr.	libres. Tb. poids: Ctr. B.	poids: kilog. N. (orseille. B.): hors d'Europe libres, ex. conv. orseille, % de la valeur et enrouma. libre. Tb. poids: kilog. B.	libres. Tb. poids: kilog.	poids: kilog. conv. libres. Tb. poids: kilog.	libres. Tb. poids: Cwts. ou tons.	soumach, % de la valeur, autres, libres. Tb. poids: Lbs.	
	3) terres tinctoriales, telles que: ocre, bolus, craie blanche raffinée, terre d'ombre, de Sienne, terre-verte, etc.	poids: poude.	libres. Tb. poids: Ctr.	libres. Tb. poids: Ctr. B.	poids: kilog. B.	libres. Tb. poids: kilog.	libres. Tb. la valeur gén.	libres. Tb. poids: Cwts. ou tons.	% de la valeur.	
103	Extraits tinctoriaux: garancine, fleurs de garance, carmin d'indigo, carmin, laque de Florence, laque de garance, cartamine et autres.	poids: poude.	à l'alcool ou à l'éther, poids: Ctr., autres, libres. Tb. poids: Ctr.	poids: Ctr. B.	garancine et extrait de bois de teinture, prohibés: autres, poids: kilog. B. (denv. libres, mais extraits de bois de teinture, poids: kilog. N.) ex. autres, hors d'Europe, libres. Tb. poids: kilog.	libres. Tb. poids: kilog.	poids: kilog. Tb. poids gén. kilog.	libres. Tb. auce: de saphro, poids: Lbs., autres. la valeur.	% de la valeur.	
104	Couleurs et teintures préparées à l'eau ou à l'huile.	poids: poude.	libres. Tb. poids: Ctr.	poids: Ctr. N.	% de la valeur.	libres. Tb. poids: kilog.	poids: kilog. Tb. poids gén. kilog.	libres. Tb. couleurs à dessiner, la valeur; autres, poids: Cwts.	% de la valeur.	
105	Matières à tanner: telles que: écorces de bois, glands de chêne, sucs tannins, cachou, kino, etc.	libres. Tb. poids: poude.	libres. Tb. poids: Ctr.	libres. Tb. poids: Ctr. B.	poids: kilog. B.	libres. Tb. poids: kilog.	poids: kilog. ex. conv. libres. Tb. poids gén. kilog.	libres. Tb. poids: Cwts.	% de la valeur. Tb. poids: Lbs.	

Groupe VI.

Graisses, huiles et savons.

Section A. Graisses et huiles.

№	Désignation	RUSSIE	ZOLL-VEREIN	AUTRICHE	FRANCE	BELGIQUE	ITALIE	ANGLETERRE	ÉTATS-UNIS	RENVOI AUX TARIFS
106	Graisses: suif et huile animale	libres. Tb. poids: poude.	libres. Tb. poids: Ctr.	poids: Ctr. N.	poids: kilog. ex. hors d'Europe et conv. libres. Tb. poids: kilog.	libres. Tb. poids: kilog.	poids: kilog. Tb. la valeur gén.	libres. Tb. poids: Cwts.	suif, poids: Lbs., autres, % de la valeur.	Pour № 106—118. Russie 1. Div II.; 2. Div II. Sect. IV., A.D. III. Sect. VII. VI., B.
	—— de poisson	libre. Tb. poids: poude.	poids: Ctr.	poids: Ctr. N.	poids: kilog.	libre. Tb. poids: kilog.	poids: kilog. Tb. la val. gén.	libre. Tb. mesure: tonneaux.	% de la valeur.	

№	Désignation	RUSSIE	ZOLL-VEREIN	AUTRICHE	FRANCE	BELGIQUE	ITALIE	ANGLETERRE	ÉTATS-UNIS	RENVOI AUX TARIFS
	—— autres	libres. Tb. poids: poude.	libres. Tb. poids: Ctr.	poids, Ctr. N.	poids: kilog. ex. hors d'Europe et conv. libres. Tb. poids: kilog.	libres. Tb. poids: kilog.	poids: kilog. Tb. la valeur gén.	libres. Tb. mesure: tonneaux.	% de la valeur.	Zoll-Verein № 5, 23, 26, 31 et 36. Autriche VI, IX. XX. France II. III. IX. XXI. Italie I. III. XVIII. États-Unis XI.
107	Blanc de baleine (sperma-ceti)	libre. Tb. poids: poude.	poids: Ctr.	poids, Ctr. N.	poids: kilog.	libre. Tb. poids: kilog.	poids: kilog. Tb. la valeur gén.	libre. Tb. poids: Lbs.	% de la valeur.	
108	Cire. Remarque. Cire à cacheter v. Gr. XIX. Sect. C.	libre. Tb. poids: poude.	libre. Tb. poids: Ctr.	poids. Ctr. N.	poids kilog.	libre. Tb. poids: kilog.	poids: kilog. conv. % de la valeur Tb. poids: kilog.	libre. Tb. poids: Cwts.	% de la valeur. Tb. brut. poids: Lbs., raffiné, la valeur.	
109	Stéarine, glycérine et oléine	libres. Tb. poids: poude.	poids: Ctr.	poids: Ctr. N.	libres. Tb. poids: kilog. B.	libres. Tb. poids: kilog.	libres. Tb. poids: kilog.	libres. Tb. poids: Cwts.	% de la valeur.	
110	Paraffine	libre. Tb. poids: poude.	poids: Ctr.	poids. Ctr. B.	poids: kilog. ex. hors d'Europe. libre. Tb. poids: kilog.	libre. Tb. poids: kilog.	libre. Tb. poids: gén. kilog.	libre. Tb. poids: Cwts.	poids. Lbs.	
111	Huile de foie de morue	libre. ex. en bouteilles. poids: poude B.	poids: Ctr.	poids: Ctr. B.	poids: kilog. B.	libre. Tb. poids: kilog.	poids: kilog. Tb. la valeur gén.	libre. Tb. mesure: tonneaux.	% de la valeur.	
112	Huiles fixes — d'olive	poids: poude.	poids: Ctr.	poids: Ctr. B.	poids: kilog. B.	libre. Tb. poids: kilog.	poids: kilog.	libre. Tb. mesure: tonneaux.	% de la valeur. Tb. mesure: gallon.	
	—— de coco et de palme	poids: poude.	libres. Tb. poids: Ctr.	libres. Tb. poids: Ctr. B.	poids: kilog. B.	libre. Tb. poids: kilog.	poids: kilog. Tb. la valeur gén.	libre. Tb. poids: Cwts.	% de la valeur. Tb. mesure: gallon.	
	—— de chènevis ou de lin et autres	poids: poude.	poids: Ctr.	poids: Ctr. B.	poids: kilog. B.	libres. Tb. poids: kilog.	poids: kilog. Tb. la valeur gén.	libres. Tb. mesure: tonneaux.	mesure: gallon.	
113	Huiles volatiles ou essences	poids: poude.	poids: Ctr.	poids: Ctr. B.	poids: kilog. N.	de senteur, % de la valeur. libres. Tb. poids: kilog.	poids: kilog. Tb. la valeur gén.	libres. Tb. poids: Lbs.	poids: Lbs.	
114	Térébenthine	poids: poude.	libre. Tb. poids: Ctr.	poids: Ctr. B.	poids: kilog. N.	libre. Tb. poids: kilog.	poids: kilog.	libre. Tb. poids: Cwts.	% de la valeur.	
115	Huile cuite et recuits.	poids: poude.	libres. Tb. poids: Ctr.	poids: Ctr. N.	poids: kilog. N.	libres. Tb. poids: kilog.	poids: kilog. Tb. la valeur gén.	libres. Tb. la valeur.	mesure: gallon. → % de la valeur. Tb. mesure: gallon.	

Section B. Substances d'éclairage.

№	Désignation	RUSSIE	ZOLL-VEREIN	AUTRICHE	FRANCE	BELGIQUE	ITALIE	ANGLETERRE	ÉTATS-UNIS	RENVOI AUX TARIFS
116	Pétrole, huile de schiste et autres huiles minérales volatiles, pour éclairage sous les noms de kérossine, photogène. gazoline etc.)	poids: poude.	libres. Tb. poids: Ctr.	poids: Ctr. B.	poids: kilog. B.	libres. Tb. poids: kilog.	poids: kilog. ex. brutes, libres. Tb. mesure: gallon.	libres. Tb. brutes, poids: Tons: raffinées, mesure: gallon.	mesure: gallon.	
117	Chandelles et bougies de toute sorte, ainsi que torches et mèches à feu.	poids: poude.	poids: Ctr.	poids: Ctr. N. torches, B.	% de la valeur.	bougies, % de la valeur. autres libres. Tb. poids: kilog.	poids: kilog. ex. conv. bougies et torches, % de la valeur. Tb. de stéarine, poids: kilog. autres, la valeur gén.	libres. Tb. poids: Cwts.	poids: Lbs.	

Section C. Savons.

№	Désignation	RUSSIE	ZOLL-VEREIN	AUTRICHE	FRANCE	BELGIQUE	ITALIE	ANGLETERRE	ÉTATS-UNIS	RENVOI AUX TARIFS
118	Savons ordinaires (autres que ceux de parfumerie). Remarque. Savons de parfumerie v. Gr. XX.	poids: poude.	poids: Ctr.	poids: Ctr. N. ou B.	prohibés, ex. conv. poids: kilog. B.	poids: kilog.	poids: kilog.	libre. Tb. poids: Cwts.	poids: Lbs. + % de la valeur. Tb. poids: Lbs.	

№		RUSSIE	ZOLL-VEREIN	AUTRICHE	FRANCE	BELGIQUE	ITALIE	ANGLETERRE	ÉTATS-UNIS	RENVOI AUX TARIFS
	Groupe VII. Métaux (communs), demi-ouvrés, préparés pour l'industrie. (Métaux précieux, v. Gr. XIX.) **Section A.** Métaux purs.									
119	Fer en fonte, brut, en masse et en débris de vieux ouvrages	poids: poude.	poids: Ctr.	poids: Ctr.	prohibés ex. en pièces pesant 15 kilog. ou plus, et mazées. poids: kilog.	poids: kilog.	libre. Tb. poids: millier.	libre. Tb. poids: Tons.	poids: Tons. Tb.	Pour № 119—131. Russie 2. Div. II. Sect. III. Zoll-Verein № 3, 6, 19, 42, 43. Autriche X. France XVII. Italie XVI. États-Unis III.
120	Fer. 1) en barres, fer façonné et laminé de toute sorte et débris de vieux ouvrages	poids: poude.	poids: Ctr.; débris, libres.	poids: Ctr. B.	poids: kilog. B. et N. ex. forgé en marteaux ou prismes, prohibé.	poids: kilog. limailles, libres.	poids: kilog. Tb. poids: millier.	libre. Tb. poids: Tons.	poids: Lbs. non dénommée, % de la valeur.	
	2) tôle de fer pour blindage, chaudières, etc.	poids: poude.	poids: Ctr.	poids: Ctr. N.	poids: kilog. N.	poids: kilog.	poids: kilog. Tb. poids: millier.	libre. Tb. poids: Tons.	poids: Lbs.	
	3) rails de fer	poids: poude.	poids: Ctr.	poids: Ctr. N.	poids: kilog. N.	poids: kilog.	poids: kilog. Tb. poids: millier.	libre. Tb. poids: Tons.	poids: Lbs.	
121	Acier	poids: poude.	poids: Ctr.	poids: Ctr. N.	poids: kilog. N.	poids: kilog.	poids: kilog. Tb. poids: millier.	libre. Tb. poids: Tons.	poids: Lbs.	
122	Zinc en blocs et en feuilles	poids: poude.	poids: Ctr.	poids: Ctr. N. ex. brut et débris, libres.	conv. libre. Tb. poids: kilog.	libre. Tb. la valeur.	poids: kilog.	libre. Tb. poids: Tons.	poids: Lbs. ex. en feuilles % de la valeur.	
123	Cuivre rouge et vert, en lingots, plaques, barres et limaille	poids: poude.	poids: Ctr. débris, libres.	poids: Ctr. N. ex. brut et débris. libres.	poids: kilog. N. ex. débris et limaille, conv. libres.	libre. Tb. la valeur.	poids: kilog.	libre. Tb. poids: Tons.	libre. Tb. % de la valeur.	
124	Plomb en saumons, rouleaux, feuilles et tuyaux	poids: poude.	libre. Tb. poids: Ctr.	poids: Ctr. N.	poids: kilog. N. ex. débris et limaille, conv. libres.	libre. Tb. la valeur.	poids: kilog.	libre. Tb. poids: Tons.	poids: Lbs.	
125	Étain en lingots, baguettes, feuilles et débris de vieux ouvrages	poids: poude.	libre. Tb. poids: Ctr.	poids: Ctr. N. ex. débris. libre.	poids: kilog. N. ex. débris et limailles. conv. libres.	libre. Tb. la valeur.	poids: kilog. conv. libre. Tb. poids: kilog.	libre. Tb. poids: Cwts.	% de la valeur. Tb. poids: Lbs.	
126	Mercure natif (vif-argent)	poids: poude.	poids: Ctr.	libre. Tb. poids: Ctr. B.	poids: kilog. B. conv. libre.	libre. Tb. la valeur.	poids: kilog. conv. libre. Tb. poids: kilog.	libre. Tb. poids: Lbs.	% de la valeur. Tb. poids: Lbs.	
	Section B. Métaux zingués, cuivrés, etc. alliages métalliques.									
127	Fer blanc en feuilles et tôle de fer de toute sorte, zinguée, cuivrée ou recouverte d'autres métaux.	poids: poude.	poids: Ctr.	poids: Ctr. N.	poids: kilog. N.	poids: kilog.	poids: kilog. Tb. millier.	libre. Tb. poids: Tons.	poids: Lbs.	
128	Laiton en lingots, rouleaux et en débris de vieux ouvrages: alliages métalliques, tels que tombac, prince métal, argentine, melchior, métal anglais, etc. en lingots, plaques et en débris de vieux ouvrages	poids: poude.	poids: Ctr.	poids: Ctr. N. ex. débris. libres.	poids: kilog. N.	poids: kilog.	poids: kilog.	libre. Tb. poids: Cwts., bronze en poudre, la valeur.	% de la valeur. Tb. laiton, poids: Lbs., autres la valeur.	
129	Litharge ou silberglett, et scories	poids: poude.	poids: Ctr.	libres. Tb. poids: Ctr. B.	poids: kilog. N.	libres. Tb. la valeur.	poids: kilog.	libres. Tb. la valeur gén.	% de la valeur.	
130	Tain pour miroirs	poids: poude.	poids: Ctr.	poids: Ctr. N.	poids: kilog. N.	libre. Tb. la valeur.	poids: kilog.	libres. Tb. la valeur gén.	poids: Lbs.	
131	Fils métalliques: de fer, d'acier, de cuivre, de laiton et d'alliages métalliques, galvanisés, etc.	poids: poude.	de plomb et d'étain, libres autres, poids: Ctr.	poids: Ctr. N.	poids: kilog. N.	différemment poids: kilog. ou % de la valeur.	poids: kilog.	libres. Tb. poids: Lbs.	+ % de la valeur. Bb. poids: Lbs.	
	Groupe VIII. Métaux ouvragés communs, métaux précieux, v. Gr. XIX. **Section A.** Pièces en fonte, ouvrages: forgés, en tôle, en fil, ustensiles de ménage, serrureries.									
132	Fer de fonte ouvré: grilles, plaques de foyer, tuyaux, solives, colonnes, accessoires de chemins de fer, vaisselle en fonte, etc.	poids: poude.	poids: Ctr.	poids: Ctr. N.	prohibés ex. tubes de 25 mil. de diamètre ou moins et poterie, poids: kilog. N.	poids: kilog.	poids: kilog. Tb. millier.	libres. Tb. poids: Cwts.	% de la valeur.	Pour № 132—146. Russie 2. Div. III. Sect. II. Zoll-Verein № 19, 42, 43. Autriche XVII. France XVII. Italie XVI. États-Unis III.
133	Fer forgé: ancres, clous, cruchets, chassis, chaînes, roues, essieux, bandages, vaisselle en fer, etc.	poids: poude.	poids: Ctr.	poids: Ctr. N.	poids: kilog.	ancres et chaînes pour la marine, libres, autres, poids: kilog.	poids: kilog. Tb. millier.	libres. Tb. poids: Cwts.	% de la valeur.	
134	Acier ouvré: cloches, mortier, plaques, bandes de roues, essieux et ressorts, etc.	poids: poude.	poids: Ctr.	poids: Ctr. N.	fonte en acier prohibée; autres, poids: kilog. N.	ancres et chaînes pour la marine, libres, autres, poids: kilog.	poids: kilog. Tb. millier.	libres. Tb. poids: Cwts.	patins, nombre de paires, autres, % de la valeur.	
135	Ouvrages en fer blanc; ouvrages divers en tôle de fer, etc.	poids: poude.	poids: Ctr.	poids: Ctr. N.	prohibées.	% de la valeur.	poids: kilog.	libre. Tb. poids: Cwts.	poids: Lbs. non dénommés, % de la valeur.	
136	Ouvrages en fil d'archal	poids: poude.	poids: Ctr.	poids: Ctr. N.	poids: kilog. N.	% de la valeur.	poids: kilog.	libres. Tb. poids: Lbs.	% de la valeur.	
137	Ouvrages en cuivre et en laiton, ustensiles de ménage en cuivre et en laiton.	poids: poude.	poids: Ctr.	poids: Ctr. N.	prohibées, ex. simplement tournés et chaudronnerie, poids: kilog. N.	% de la valeur.	poids: kilog.	libres. Tb. en cuivre, la valeur en laiton, poids: Cwts.	% de la valeur. Tb. en cuivre, la valeur, en laiton, poids: Lbs.	
138	Ouvrages en plomb et en matte de plomb (hartble))	poids: poude.	fins, poids: Ctr.; autres, libres. Tb. poids: Ctr.	poids: Ctr. N.	poids: kilog. B.	% de la valeur.	poids: kilog.	libres. Tb. poids: Tons.	% de la valeur.	
139	Ouvrages en étain, en zinc et en métal anglais	poids: poude.	fins, poids: Ctr. autres, libres, Tb. poids: Ctr.	poids: Ctr. N.	en zinc et poterie en étain, poids: kilog. B. ou N.: autres prohibés.	% de la valeur.	poids: kilog.	libres. Tb. poids: Tons.	% de la valeur.	
140	Ouvrages de serrurerie	poids: poude.	poids: Ctr.	poids: Ctr. N.	poids: kilog. N.	à l'article du métal, dont elles sont fabriquées.	poids: kilog.	libres. Tb. poids gén.: Cwts.	% de la valeur.	
141	Monnaie, petite	prohibé.	libre. Tb. poids: Ctr.	libre (courant).	ayant cours, poids: kilog. autre prohibée.	ayant cours, poids: kilog.	ayant cours, libre, autre. poids: kilog.	libres. Tb. la valeur gén.	libres. Tb. la valeur gén.	
	Section B. Coutellerie.									
142	Couteaux, ciseaux, pincettes, lames de couteaux, etc.	ciseaux pour la tonsure, libre, autres, poids: poude.	poids: Ctr.	poids: Ctr. N.	prohibés, ex. cour. % de la valeur.	% de la valeur.	poids: kilog.	libres. Tb. poids gén.: Cwts.	% de la valeur.	
143	Faux et serpes, hache-paille et faucilles	poids: poude.	poids: Ctr.	poids: Ctr. N.	poids: kilog. N.	poids: kilog.	poids: kilog.	libres. Tb. poids gén.: Cwts.	% de la valeur.	
	Section C. Armes et munitions de guerre.									
144	Armes: () blanches, lames de sabres, etc.	poids: poude.	poids: Ctr.	poids: Ctr. N.	de guerre prohibées; de commerce, poids: kilog.	libres. Tb. la valeur.	nombre de pièces baionnettes, lames ord. poids: kilog.	libres. Tb. la valeur.	% de la valeur.	

№		RUSSIE.	ZOLL-VEREIN.	AUTRICHE.	FRANCE.	BELGIQUE.	ITALIE.	ANGLETERRE.	ÉTATS-UNIS.	RENVOI AUX TARIFS.
	2) — à feu portatives	poids: poude.	poids: Ctr.	poids: Ctr. N.	de guerre, prohibées, de commerce, poids: kilog.	libres. Tb. la valeur.	nombre de pièces.	libre. Tb. la valeur.	% de la valeur.	
145	Munitions de guerre, canons, mortiers, boulets, bombes etc.	prohibées.	poids: Ctr.	poids: Ctr. N.	prohibées.	libre. Tb. la valeur.	nombre de pièces.	libres. Tb. poids: Cwts.	% de la valeur.	
146	Plomb de chasse, fusets, capsules et accessoires d'armes	poids: poude.	plomb de chasse, libre. Tb. poids: Ctr.	poids: Ctr. N.	capsules % de la valeur, plomb, poids: kilog. autres, prohibées.	capsules, % de la valeur, plomb, poids: kilog. autres, libres.	poids: kilog. Tb. la valeur gén.	libres. Tb. capsules, autres poids: Cwts.	% de la valeur	
	Groupe IX. *Articles indispensables aux fabriques et ustensiles pour les arts et métiers.* **Section A.** Machines, mécaniques, (appareils.)									
147	Modèles de toute sorte de machines et d'appareils	libres. Tb. poids: poude.	poids: Ctr.	poids: Ctr. N.	poids: kilog. N.	poids: kilog. ex. en bois, libres.	% de la valeur.	libres. Tb. la valeur gén.	libres. Tb. la valeur.	Pour № 147—153. Russie 1. Div. IV., 2. Div. III Sect. II. Zoll-Verein № 6 et 15. Autriche XIX France XXVII. Italie. XVI. États-Unis. XIII.
148	Machines agricoles; charrues, herses, etc.	libres. Tb. poids: poude.	poids: Ctr.	poids: Ctr. N.	poids: kilog. N.	poids: kilog.	poids: kilog. Tb. la valeur gén.	libre. Tb. la valeur gén.	libres. Tb. la valeur gén.	
149	Machines pour les matières textiles: à tailler, à carder, à briser, à filer, à ourdir, à tisser, à laner, à tondre les tissus	libres. Tb. poids: ponde.	poids: Ctr., ex. cylindres pour imprimer, libres. *	poids: Ctr. N.	poids: kilog. N.	poids: kilog.	poids: kilog.	libres. Tb. la valeur gén.	pour manufacture de lin et de chanvre, % de la valeur; autres, libres. Tb. la valeur. à coudre % de la valeur; autres, libres. Tb. la valeur.	
150	Autres machines et appareils de toute sorte, complets ou en pièces détachées et accessoires de toute sorte de machines et d'appareils	à fabriquer le papier et pour impression typographique, ainsi que rôls et accessoires pour tissage et cordes, libres, autres, poids: ponde.	poids: Ctr.	poids: Ctr. N.	cylindres, planches et coins gravés, % de la valeur autres, poids: kilog.	ex. cabestans et treuils en fonte et en fer, libres. Tb. poids: kilog.	% de la valeur.	libres. Tb. la valeur gén.		
151	Locomotives, locomobiles et moteurs à vapeur de tout genre.	poids: poude.	poids: Ctr.	poids: Ctr. N.	poids: kilog. N.	poids: kilog.	% de la valeur.	abs.	libres. Tb. la valeur.	
	Section B. Outils.									
152	Outils pour arts, métiers, usines, fabriques et agriculture, scies, limes, râpes, racloires, alènes, bêches, pelles, râteaux, sapes, etc.	en platine, libres, autres, poids: poude.	poids: Ctr.	poids: Ctr. N.	poids: kilog. N.	poids: kilog.	poids: kilog.	abs.	poids: Lbs. + % de la valeur. Tb. poids: Lbs.	
153	Aiguilles d'acier et de fer	poids: livre.	poids: Ctr.	poids: Ctr. N.	poids: kilog. N.	% de la valeur.	poids: kilog.	abs.	pour machines à coudre et à tricoter, nombre, M. + % de la valeur. Tb. nombre, M.; autres, % de la valeur.	
	Groupe X. *Brosserie, ouvrages en plumes, crin, cheveux, etc.*									
154	Brosses, pinceaux de soie de cochon et autres objets ordinaires de ce genre.	poids: poude.	libres. Tb. poids: Ctr.	poids: Ctr. N.	% de la valeur.	% de la valeur.	poids: kilog. Tb. la valeur gén.	libres. Tb. poids: Lbs., pinceaux la valeur gén.	% de la valeur	Pour
155	Plumages et plumes à panaches	poids: livre.	poids: Ctr.	poids: Ctr. N.	libres. Tb. poids: kilog.	% de la valeur.	poids: kilog. Tb. la valeur gén.	libres. Tb. la valeur gén.	% de la valeur.	
156	Tissus de crin, tamis de crin, pinceaux à barbe et pour peinture et autres ouvrages en crin ordinaires	poids: ponde.	nattes, poids: Ctr. autres, libres. Tb. poids: Ctr.	poids: Ctr. N.	tresses, toile à tamis, passementerie, poids: kilog., autres prohibés, conv. % de la valeur.	tamis, % de la valeur, autres, libres. Tb. la valeur.	poids: kilog. Tb. la valeur gén.	libre. Tb. la valeur.	différemment, poids: Lbs. + % de la valeur. Tb. poids: Lbs. ou mesure: yards-quarrés. + % de la valeur. Tb. yards-carrés.	
157	Cheveux ouvrés	poids: livre.	libres. Tb. poids: Ctr. ex. tissus, poids: Ctr.	poids: Ctr. N.	libres. Tb. poids: kilog.	% de la valeur.	poids: kilog. Tb. la valeur gén.	libres. Tb. la valeur.	% de la valeur.	
158	Ouvrages de paille et de sparte, mélangés ou non de crin, soie, coton, etc. (ex. chapeaux v. Gr. XVIII. Sect. C.) Rém. gén. Ouvrages de ce groupe montés autrement, en matières autres que le bois ordinaire, v. Gr. XIX.	poids: livre.	poids: Ctr.	poids: Ctr. N.	% de la valeur.	% de la valeur.	poids: kilog. Tb. la valeur gén.	libres. Tb. la valeur gén.	% de la valeur.	
	Groupe XI. *Vannerie et boissolerie.*									
159	Vannerie en jonc, tille, paille ordinaire, paillassons, nattes, sacs de nattes, etc.	libre. Tb. poids: poude.	poids: Ctr.	poids: Ctr. N. ou R.	tresses ou nattes, poids: kilog. autre, % de la valeur.	% de la valeur.	poids: kilog. conv. libres. Tb. poids: kilog.	verges et baguettes pour corbeille, poids: tons. autres: libres. Tb. la valeur	% de la valeur.	Pour № 159, 160. Russie 1. Div. IV. Zoll-Verein № 13. Autriche. XIV. XVI. France XVII. Italie XIII. États Unis XIII.
160	Boissellerie, ouvrages en écorce ou lattes de bois, articles de menage, sabots, etc.	libres. Tb. poids: poude.	poids: Ctr.	poids: Ctr. B.	poids: kilog. R. et N. ex. conv. articles de menage, libres. Tb. la valeur.	% de la valeur. ex. balais communs, libres. Tb. la valeur.	poids: kilog. conv. libres. Tb. poids: kilog.	libre. Tb. la valeur gén.	% de la valeur.	
	Groupe XII. *Ouvrages en bois.* **Section A.** Ouvrages de charpenterie et tonnellerie.									
161	Bois en bûches ou planches d'espèces communes	libres. Tb. poids: poude.	libres. Tb. mesure, mil.	mesure: 100, pieds cub.	poids: kilog. R.	mesure: mèt. cub.	poids: kilog. ex. conv. libres. Tb. planches, mesure: mèt. autres la valeur.	libres. Tb. mesure: Loads.	bardeaux et douves, libres. Tb. la valeur; autres, % de la valeur. Tb. mesure: M. pieds.	Pour № 161—167. Russie 1. Div. II., 2. Div. III. Sect. III. Zoll-Verein № 13. Autriche VIII. XIV. France XI. XVII. Italie XIII. États-Unis. XIII.
162	Ouvrages de charpenterie de toute sorte.	libres. Tb. poids: poude.	libres. Tb. poids: Ctr.	poids: Ctr. B. conv. libres.	% de la valeur.	% de la valeur.	poids: kilog. conv. % de la valeur.	libres. Tb. la valeur.	% de la valeur.	
163	Ouvrages de tonnellerie	libres. Tb. poids: poude.	fines, poids: Ctr., ordinaires libres.	poids: Ctr. B. conv. libres.	% de la valeur.	% de la valeur.	mesure: hect. conv. libres, ex. avec les cercles en fer, % de la valeur. Tb. nombre.	libres. Tb. la valeur.	% de la valeur.	
	Section B. Ouvrages de menuiserie et de tourneur.									
164	Bois d'ébénisterie en bûches, ou planches, et en feuilles de placage.	poids: poude.	libres. Tb. poids: Ctr.	poids: Ctr. N.	bois en éclisses et feuillard, nombre de mille, autres, poids: kilog.	mesure: mèt. cub.	poids: kilogr. conv. libres.	libres. Tb. poids: tons, feuilles de placage, Cwts.	% de la valeur.	

№	Désignation	RUSSIE.	ZOLL-VEREIN.	AUTRICHE.	FRANCE.	BELGIQUE.	ITALIE.	ANGLETERRE.	ÉTATS-UNIS.	RENVOI AUX TARIFS.
165	Ouvrages de menuiserie ordinaires ou polis, vernis, dorés, etc.	poids: poude.	poids: Ctr.	poids: Ctr. N.	% de la valeur.	% de la valeur.	poids: kilog. conv. % de la valeur.	libres. Tb. la valeur.	% de la valeur.	
166	Ouvrages de tourneur de toute sorte..	poids: poude.	poids: Ctr.	poids: Ctr. N.	% de la valeur	% de la valeur.	poids: kilog. conv. % de la valeur.	libres. Tb. la valeur.	% de la valeur.	
167	Sculpture en bois et imitation fourrages en feutre, fibres de cordes, papier mâché et carton-pierre, imitant le bois	poids: poude.	poids: Ctr.	poids: Ctr. N.	% de la valeur.	% de la valeur.	poids: kilog. conv. % de la valeur.	libres. Tb. la valeur.	% de la valeur.	
	Groupe XIII. Caoutchouc et gutta-percha.									
168	Caoutchouc ou gomme élastique et gutta-percha, en ressin et en masses, caoutchouc liquide.	poids: poude.	libres. Tb. poids: Ctr.	poids: Ctr. B. Tb. N.	poids: kilog. B. ex. hors d'Europe et conv. libres.	libres. Tb. la valeur.	poids: kilog.	libres. Tb. poids: Cwts.	% de la valeur. Tb. poids: Lbs.	Pour № 168—169. *Russie:* 2. Div. II. Sect. IV. A. III. Sect. III. *Zoll-Verein.* № 17. *Autriche.* XV. *France.* XXVII. *Italie.* XI. *États-Unis.* XIII.
169	Ouvrages en gomme-élastique et gutta-percha, sans ou avec addition d'autres matières.	poids: poude.	poids: Ctr. ex. fils sans addition, libres.	poids: Ctr. N.	poids: kilog. N.	% de la valeur.	poids: kilog.	libres. Tb. poids: Lbs.	% de la valeur.	
170	Tissus de gomme élastique avec addition d'autres matières. Remarque. Habillement en gomme-élastique et chaussure v. Gr. XVIII.	poids: poude.	poids: Ctr.	poids: Ctr. N.	poids: kilog. N.	% de la valeur.	poids: kilog.	libres Tb. poids: Lbs.	% de la valeur.	
	Groupe XIV. Ouvrages en pierres, gresserie, poterie et verrerie. **Section A.** Ouvrages en pierres.									
171	Plaques d'ardoises pour toiture, marches d'escaliers, les bornes, meulières, pierres à aiguiser, de Suède, lithographiques, etc.	libres. Tb. poids: poude.	libres. Tb. poids: Ctr.	meulières, libres; autres, poids: Ctr. B.	ardoises pour toiture et en carreaux, nombre: mille; meules, nombre de pièces, chiques, pierres à aiguiser, ardoises à écriture, poids: kilog. autres, % de la valeur.	ardoises, nombre: mille. autres, libres. Tb. la valeur gén.	différemment: nombre, poids ou % de la valeur	libres. Tb. la valeur.	% de la valeur.	Pour № 171—180. *Russie.* 1. Div. II, IV. 2. Div. III. Sec. I. *Zoll-Verein.* № 10, 33, 38. *Autriche.* VIII. XVI. *France.* XVI. XXIII. *Italie.* XVIII. XIX. *États-Unis.* IX.
172	Albâtre, plâtre, marbre, porphyre, serpentine, ardoise, et autres pierres semblables, ouvrées. Remarque. Statues, bas-reliefs, vases, revêtements pour cheminées et autres sculptures d'art antiques et modernes, v. Gr. XIX. Sect. B.	poids: poude.	poids Ctr.	poids: Ctr. N.	différemment, poids: kilog. B. % de la valeur.	% de la valeur	% de la valeur. Tb. nombre ou poids.	libres. Tb. la valeur gén.	% de la valeur	
173	Briques, tuiles et dalles, tuyaux	libres. Tb. nombre: mille.	libres. Tb poids: Ctr.	libres. Tb. poids: Ctr. B.	nombre, mille, conv. libres.	libres. Tb. la valeur.	nombre: mille, libres. Tb. la valeur gén.	libres. Tb. nombre.	% de la valeur.	
	Section B. Vaisselle, faïence, et porcelaine.									
174	Poteries de terre commune et de grès: vaisselle et autres objets	poids: poude.	poids: Ctr.	poids: Ctr. N.	fines, prohibées; autres, poids: kilog. B.	poids: kilog.	poids: kilog. Tb. la valeur gén.	libres Tb. poids: Cwts.	% de la valeur.	
175	Faïence: vaisselle et autres objets ...	poids: poude.	poids: Ctr.	poids: Ctr. N.	fine, prohibée, autres, poids: kilog. N.	% de la valeur.	poids: kilog. Tb. la valeur gén.	libres. Tb. poids: Cwts.	% de la valeur.	
176	Porcelaine: vaisselle et autres objets.. Remarque. Objets d'ornement en porcelaine et en biscuit: vases, statuettes, chandeliers, etc., v. Gr. XIX, Sect. B.	poids: poude.	poids: Ctr.	poids: Ctr. N.	de Chine et Japon, % de la valeur. autres, poids: kilog. N.	% de la valeur.	poids: kilog. Tb. la valeur gén.	libre Tb. poids: Cwts.	% de la valeur.	
	Section C. Verrerie et miroirs.									
177	Verre à vitres de toute sorte	poids: poude.	poids: Ctr.	poids: Ctr. B. et N.	poids: kilog. B. et N.	% de la valeur.	poids: kilog. Tb. abs. poids: Cwts.	libre Tb. poids: Cwts.	mesure: pieds carrés.	
178	Objets en verre ordinaire	poids: poude.	vaisselle en verre de bouteille, verdâtre. libre. autres, poids: Ctr.	poids: Ctr. B. et N.	poids: kilog. N. ex. bouteilles et vitrification non spéc. dénommée, prohibées.	poids kilog.	poids: kilog. bouteilles, nombre.	libres. Tb. poids: Cwts, glaces, Lbs.	% de la valeur. Rém. Bouteilles avec liquide, nombre de bout. % de la valeur.	
179	Objets en verre de luxe............	poids: poude.	poids: Ctr.	poids: Ctr. B. ex. conv. poids: Ctr. ou % de la valeur.	% de la valeur.	% de la valeur.	poids: kilog. Tb. abs.	libres. Tb. poids: Cwts.	% de la valeur.	
180	Miroirs et glaces à miroir: (entiers et fragments)	mesure: verchoks carrés. ex. jusqu'à 100 verchoks carrés, poids: livre.	poids: Ctr.	poids: Ctr. B. ex. conv. poids: Ctr. ou % de la valeur.	mesure: mèt. carrés.	% de la valeur.	poids: kilog. Tb. abs.	libre Tb. poids: Cwts.	% de la valeur.	
	Groupe XV. Tannerie et pelleterie. **Section A.** Peaux, cuir et ouvrages en cuir.									
181	Peaux salées ou séchées de toute sorte	libres. Tb. poids: poude.	libres. Tb. poids: Ctr.	libres. Tb poids: Ctr. B.	poids: kilog. N.	libres. Tb. la valeur gén.	libres. Tb. la valeur gén.	libres. Tb. poids: Cwts.	% de la valeur. Tb. la valeur, ex. salées. poids: Lbs.	Pour № 181—185. *Russie* 1 Div. II, 2. Div. II, Sect. I. *Zoll-Verein* № 12, 21, 28. *Autriche* V, XV. *France* XXVII. *Italie* VII, VIII. *États-Unis* XII.
182	Cuirs ou peaux préparées (grandes ou petites) et cuirs vernis de toute sorte, ainsi que cuirs découpés	poids: poude.	poids: Ctr.	poids: Ctr. N.	d'agneau et de chevreau, nombre, le 100, autres, poids: kilog. N.	poids: kilog.	poids: kilog. Tb. la valeur gén.	libres. Tb. poids: Lbs.	% de la valeur. Tb. nombre: douz.	
183	Sellerie: ouvrages en peaux ou en cuir de toute sorte (ex. chaussures, v. Gr. XVIII)	poids: livre.	poids: Ctr.	poids: Ctr. N.	buvards, nécessaires, porte-monnaies, porte-cigares, poids: kilog. N, autres, prohibées.	% de la valeur.	selles: nombre, autres, poids: kilog. Tb. la valeur gén.	libre. Tb. la valeur.	% de la valeur.	
	Section B. Fourrures.									
184	Fourrures de toute espèce..........	de mouton non teintes, libres, autres, poids: poude ex. de castor de mer, prohibées. poids: poude.	de mouton et d'angora, libres; autres, poids: Ctr.	poids: Ctr. N.	poids: kilog. B. ex. conv. libres.	poids: kilog.	poids: kilog Tb. la valeur gén.	libres. Tb. nombre.	% de la valeur.	
185	Pelleteries en pièces cousues non recouvertes de drap ou autre étoffe Remarque. Recouvertes d'étoffe, v. Gr. XVIII.	poids: poude.	poids: Ctr.	poids: Ctr. N.	% de la valeur.	% de la valeur.	poids: kilog. Tb. la valeur gén.	libres. Tb. nombre.	% de la valeur.	
	Groupe XVI. Papeterie. **Section A.** Papier et ses applications.									
186	Papier non collé (à imprimer, à envelopper, etc.) de toute sorte	poids: poude.	poids: Ctr. ex. recouvert d'émeri, de sable, etc. libre.	poids: Ctr. N.	poids: kilog. N.	poids: kilog.	poids: kilog. ex. couv. papier d'emballage, libre. Tb. poids: kilog.	libre. Tb. la valeur.	% de la valeur, Tb. la valeur. ex. papier à imprimer, poids: Lbs.	Pour № 186—193. *Russie* 2. Div. III. Sect. III, 3. Div.

№		RUSSIE.	ZOLL-VEREIN.	AUTRICHE.	FRANCE.	BELGIQUE.	ITALIE.	ANGLETERRE.	ÉTATS-UNIS.	RENVOI AUX TARIFS.
187	Papier collé de toute espèce........	poids: poude.	poids: Ctr.	poids: Ctr. N.	poids: kilog. N.	poids: kilog.	poids: kilog.	libre. Tb. la valeur, ex. à écrire et à dessiner, poids: Ctr.	% de la valeur.	Zoll-Verein № 27. 32. Autriche XIV France XXVI Italie XIV États-Unis XIII.
188	Papiers peints et bordures	poids: poude.	poids: Ctr.	poids: Ctr. N.	poids: kilog. N.	poids: kilog.	poids: kilog.	libre. Tb. la valeur.	% de la valeur.	
189	Papier avec ornements: à écrire et à imprimer, à l'usage de typographies, des relieurs et des coloristes	poids: poude.	poids: Ctr.	poids: Ctr. N.	poids: kilog. N.	poids: kilog.	poids: kilog.	libre. Tb. la valeur, ex. à écrire et à dessiner, poids: Cwts.	% de la valeur.	
	Section B. Carton et cartonnages.									
190	Carton et carton-pierre...........	poids: poude.	poids: Ctr.	poids: Ctr. N.	poids: kilog. N. ex. conv. moulé, coupé, % de la valeur.	poids: kilog.	poids: kilog.	libre. Tb. la valeur gén.	% de la valeur.	
191	Toiture en papier (goudronné — tôle)	poids: poude.	poids: Ctr.	poids: Ctr. N. ex. conv., libre. Tb. poids: kilog.	poids: kilog. N.	poids: kilog.	poids: kilog.	libre. Tb. la valeur gén.	% de la valeur.	
192	Ouvrages en carton et en carton-pierre, cartonnages	poids: poude.	poids: Ctr.	poids: Ctr. N.	poids: kilog. N.	% de la valeur.	poids: kilog.	libres. Tb. la valeur gén.	% de la valeur.	
193	Cartes à jeu................	prohibées.	poids: Ctr.	poids: Ctr. N.	prohibés, conv % de la valeur.	% de la valeur.	nombre de jeux.	nombre de jeux.	nombre de douz.	
	Groupe XVII. Industrie textile. **Section A.** Coton, fils, tissus, passementerie et bonneterie.									
194	Coton: a) en laine, b) en feuilles, cardées et gommées (ouates)	en laine, libre. Tb. poids: poude, cardées, poids: poude.	libre. Tb. poids: Ctr.	en laine, libres. Tb. poids: Ctr. N. ouates, poids: Ctr. B.	poids: kilog. ex. de pays de production, en laine, libre, Tb. poids: kilog.	libre. Tb. la valeur gén.	en laine, libre. Tb. poids: kilog.; ouates, poids: kilog.	libre. Tb. poids: Cwts.	libre. Tb. poids: Lbs.	Pour № 194—229 Russie 2. Div. III. Sect. V. Zoll-Verein № 2, 8, 22, 30, 44. Autriche XI, XII, XIII, France XXIV, XXV. Italie VIII, IX, X, XI. États-Unis IV, V, VI, VII, VIII.
195	Coton filé: a) écru, b) blanchi et c) teint (de même que mélangé d'or ou d'argent, faux)	poids: poude.	poids: Ctr.	poids: Ctr. N.	prohibé, ex. écru de № 143. et conv. poids: kilog. N. (d'après la longueur, mesurent demi-kilog.)	poids: kilog. mesurant au demi-kilog. d'après la longueur.)	poids: kilog.	libre. Tb. poids: Lbs.	fils sur bobine, nombre de douz. + % de la valeur; fils en écheveau ou peloton, nombre d'écheveaux + % de la valeur, autres, % de la valeur.	
196	Tissus de coton: velours a) façon soie et b) autres	poids: livre. Tb. poude.	poids: Ctr.	poids: Ctr. N.	prohibés, ex. conv. poids: kilog.	poids: kilog. Tb. la valeur.	poids: kilog. (selon le poids: en kilog. dans 100 mètres carrés.	libres. Tb, la valeur gén.	% de la valeur. Tb. mesure: yards carrés.	
197	Tissus de coton: compacts unis 1) écrus, blanchis, teints, 2) croisés (bigarrés, façonnés) coutils, et 3) imprimés	poids: livre (selon les archines carrées dans une livre). Tb. poude.	poids: Ctr.	poids: Ctr. N.	prohibés, ex. nankins originaires de l'Inde, poids: kilog. et conv. tissus de coton pesants moins de kilog. les 100 mét. carrés, ainsi que les tissus imprimés % de la valeur, autres conv., poids: kilog. (d'après le nombre de fils dans 5 milli. carrés, selon le poids de 100 mét. carrés).	unis, croisés, coutils, poids: kilog. (d'après le nombre des fils dans 5 millimèt. carrés et selon le poids de 100 mét. carrés); piqués, bastes etc. pesants 3 kilog. et plus par 100 mét. carrés, % de la valeur, imprimés, % de la valeur.	poids: kilog. (selon le poids: en kilog. dans 100 mét. carrés.)	libres. Tb. la valeur gén.	différemment: mesure: yards carrés, ou mesure + % de la valeur, ou % de la valeur, d'après le nombre de fils dans un pouce carré, selon le poids et selon la valeur d'un yard carré.	

№		RUSSIE.	ZOLL-VEREIN.	AUTRICHE.	FRANCE.	BELGIQUE.	ITALIE.	ANGLETERRE.	ÉTATS-UNIS.	RENVOI AUX TARIFS.
198	Tissus de coton transparents (mousselines, gazes, etc.)	poids: livre (selon les archines carrés dans une livre) Tb. poude.	poids: Ctr.	poids: Ctr. N.	prohibés, conv % de la valeur.	% de la valeur.	poids: kilog.	libres. Tb. la valeur gén. ex. mousseline et tissus d'Inde et de Chine — nombre de pièces.	différemment. comme № 197.	
199	Tulle de coton.................	poids: livre. Tb. poude.	poids: Ctr.	poids: Ctr. N.	prohibés. ex. avec dentelles et conv. % de la valeur.	% de la valeur.	poids: kilog. Tb. la valeur gén.	libres. Tb. la valeur gén.	% de la valeur.	
200	Dentelles et blondes de coton.......	poids: livre. Tb. poude.	poids: Ctr.	poids: Ctr. N.	% de la valeur.	% de la valeur.	poids: kilog.	libres. Tb. la valeur gén.	% de la valeur.	
201	Passementerie et bonneterie (chenille etc.	poids: livre. Tb. poude.	poids: Ctr.	poids: Ctr. N.	abs.	comme tissus selon l'espèce.	comme l'étoffe. principale.	libres. Tb. la valeur gén.	% de la valeur.	
202	Tissus de coton cirés	poids: livre. Tb. poude.	poids: Ctr.	poids: Ctr. N.	abs.	% de la valeur.	poids: kilog. conv. % de la valeur.	libres. Tb. la valeur gén.	% de la valeur. Tb. pour tapis, yards-carrés; autres: la valeur.	
	Section B. Lin, chanvre, jute, etc, fils, tissus, passementerie et bonneterie.									
203	Lin, chanvre, jute, laine d'aiguilles de sapin, crin végétal, filaments d'ortie, et autres végétaux, remplaçant le lin et le chanvre bruts	libre. Tb. poids: poude.	libre. Tb. poids: Ctr.	poids: Ctr. B. ex. conv. libres.	libres. Tb. poids: kilog. B.	libres. Tb. poids: kilog.	bruts, librés, peignés, poids: kilog.; conv. libres. Tb. poids: kilog.	libres. Tb. la valeur.	lin, poids: tons. Tb. Cwts., autres: poids: Lbs.	
204	Fils de lin, de chanvre, de jute, etc...	poids: poude.	poids: Ctr.	poids: Ctr. N.	poids: kilog. N. (de lin et de chanvre, mesurant au kilog. d'après la longueur).	poids: kilog. (mesurant au kilog. d'après la longueur).	poids: kilog.	libres. Tb. poids: Lbs.	fils de lin, % de la valeur. Tb. la valeur ex. fils pour tapis, poids: Lbs.; fils de chanvre, jute, etc. poids: Lbs.	
205	Cordages, filets de pêche, etc.	poids: poude.	poids: Ctr.	poids: Ctr. N.	poids: kilog. N.	libres. Tb. poids: kilog.	poids: kilog.	libres, Tb. poids: Cwts.	poids: tons. Tb. Cwts.	
206	Toile à voiles, coutil pour literie et tenture, tapis et autres tissus épais de lin, de chanvre, de jute, etc.	poids: livre. Tb. poude.	poids: Ctr.	poids: Ctr. N.	poids: kilog. N.	% de la valeur. ex. toile à voiles, libre. Tb. la valeur.	poids: kilog.	libre. Tb. toile à voiles, mesuré: yards-carrés; autres, la valeur gén.	% de la valeur, ex. tapis de chanvre et jute, mesure: yards-carrés, autres, Tb. toile à voiles et tapis de jute et de chanvre, mesure: yards-carrés; autres: la valeur.	
207	Coutil pour vêtements.............	poids: livre. Tb. poude.	poids: Ctr.	poids: Ctr. N.	poids: kilog. N.	% de la valeur.	poids: kilog.	libres. Tb. la valeur gén.	% de la valeur.	
208	Tissus de lin, de chanvre, de jute, etc. croisés ou brochés.	poids: livre. Tb. poude.	poids: Ctr.	poids: Ctr. N.	poids: kilog. N. d'après le nombre de fils dans 5 millimètres carrés.	% de la valeur.	poids: kilog.	libres. Tb. cambric et damask; mesure: yards carrés; autres: la valeur gén.	% de la valeur.	
209	Toile unie, batiste, linon, 1) écrue, blanchie, 2) teinte et 3) imprimée.	% de la valeur,	poids: Ctr	poids: Ctr. N.	poids: kilog. N. d'après le nombre de fils dans	% de la valeur.	poids: kilog.	libres. Tb. linon (French Lawns.), me-	% de la valeur.	

№		RUSSIE.	ZOLL-VEREIN.	AUTRICHE.	FRANCE.	BELGIQUE.	ITALIE.	ANGLETERRE.	ÉTATS-UNIS.	RENVOI AUX TARIFS.
210	Dentelles et tulle	poids: livre. Tb. poude.	poids: Ctr.	poids: Ctr. N.	5 millimètres carrés. dentelles % de la valeur. tulle, prohibé.	% de la valeur.	poids: kilog.	sûre: yards carrés, autres: la valeur gén. libres. Tb. la valeur gén.	% de la valeur.	
211	Passementerie et bonneterie	poids: livre. Tb. poude.	poids: Ctr.	poids: Ctr. N.	poids: kilog. N.	% de la valeur.	selon l'étoffe.	libres. Tb. la valeur gén.	% de la valeur.	
212	Toile de lin, de chanvre, de jute. etc.: 1) cirée, 2) goudronnée et 3) avec enduit pour peinture	poids: goudronnée, poude, autres: livre. Tb. poude.	poids: Ctr.	poids: Ctr. N. et B.	poids: kilog. N. selon le nombre de fils dans 5 millimètres carrés.	% de la valeur.	poids kilog. conv. % de la valeur. Tb. poids: kilog.	libres. Tb. la valeur gén.	% de la valeur. Tb. pour nattes; mesure: yards carrés, autres: la valeur.	
	Section C. Laine, fils, tissus, passementerie et bonneterie.									
213	Laine: 1) brute, bourre et tontisse de laine de toute sorte	poids: poude.	libre. Tb. poids: Ctr.	poids: Ctr. B. conv. libre. Tb. poids: Ctr. B.	poids: kilog. N. ex. crue et hors d'Europe. libre. Tb. poids: kilog. B.	libre. Tb. poids: kilog.	brute, libre, teinte, poids: kilog. Tb. poids: kilog.	libres. Tb. poids: Lbs.	poids: Lbs. mais pour habit et passementerie. poidi: Lbs. + % de la valeur. Tb. poids: Lbs	
	2) artificielle, dite: laine de renaissance (schoddy, mango, etc.)	poids: poude.	libre. Tb. poids: Ctr	poids. Ctr. B. conv. libre. Tb. poids: Ctr. B.	comme celle de 1.	libres. Tb. poids: kilog	comme celle de 1.	libres. Tb. poids: Lbs.	comme celle de 1.	
214	Laine et poil, filés	poids: poude.	poids: Ctr.	poids: Ctr. N.	prohibés ex. conv. poids: kilog. N. mesurant au kilog. d'après la longueur)	poids: kilog.	poids: kilog.	libres. Tb. poids: Lbs.	% de la valeur.	
215	Tissus non foulés en laine peignée ou en poil de chèvre 1) unis, façonnés ou brodés 2) imprimés	poids: livre. (d'après, les archives carrées dans une livre) Tb. poude.	poids: Ctr.	poids: Ctr. N.	prohibés, ex. conv. % de la valeur.	% de la valeur ou poids: kilog. (au choix de l'importateur).	poids: kilog.	libres. Tb. poids: Lbs.	différemment: pour vêtements de femmes et enfants, mesure: yards carrés + % de la valeur. Tb. mesure: yards-carrés; tissus dénommés — poids: Lbs. + % de la valeur, Tb. poids: Lbs.; non dénommés % de la valeur.	
216	Étamine, tissu de laine pour blutoirs .	poids: livre. Tb. poude.	poids: Ctr.	poids: Ctr. N.	prohibés, ex. blutoir, poids: kilog. et conv. % de la valeur.	comme № 215.	poids: kilog.	libres. Tb. poids: Lbs.	% de la valeur.	
217	Dentelles	poids: livre. Tb. poude.	poids: Ctr.	poids: Ctr. N.	prohibés, ex. conv. % de la valeur.	comme № 215.	poids: kilog.	libres. Tb. poids: Lbs.	% de la valeur.	
218	Tissus non foulés 1) à l'usage des fabriques,	poids: livre. Tb. poude.	poids: Ctr.	poids: Ctr. N.	prohibés, ex. conv. % de la valeur.	comme № 215.	poids: kilog.	libres. Tb. poids: Lbs.	% de la valeur.	
	2) feutres	poids: livre. Tb. poude.	poids: Ctr.	poids: Ctr. N.	prohibés, ex. conv. % de la valeur.	% de la valeur.	poids: kilog.	libres. Tb. poids: Lbs.	pour tapis, % de la valeur, pour couvrir les navires, libres. Tb. la valeur.	
219	Tapis de laine de toute sorte	poids: livre. Tb. poude.	poids: Ctr.	poids: Ctr. N.	poids: kilog. N. hors d'Europe. % de la valeur.	comme № 215.	poids: kilog.	libres. Tb. mesure: yards carrés.	mesure: yards carrés + % de la valeur. Tb. mesure: yards-carrés.	
220	Tissus de laine foulés (draps, casimirs, flanelle, etc.)	poids: livre. Tb. poude.	poids: Ctr.	poids: Ctr. N.	prohibés. ex. conv. % de la valeur.	comme № 215.	poids: kilog.	libres. Tb. draps et flanelle, nombre, de pièces, autres: la valeur gén.	dénommés, poids: Lbs. + % de la valeur, non dénommés % de la valeur. Tb. la valeur.	
221	Passementerie et bonneterie	poids: livre. Tb. poude.	poids: Ctr.	poids: Ctr. N.	poids: kilog. N. ex. bonneterie prohibés et conv. % de la valeur.	comme № 215.	selon l'étoffe.	libres. Tb. la valeur gén.	% de la valeur.	
	Section D. Soie, fils, tissus, passementerie et bonneterie.									
222	Soie grège et bourre de soie, cardée (ouate de soie)	poids: poude.	libres. Tb. poids: Ctr.	poids: Ctr. B. conv. libres.	libres ex. bourre de soie, poids: kilog.	libres, Tb. la valeur gén.	libres ex. teintes, poids: kilog. Tb. poids: kilog.	libres. Tb. poids: Cwts.	libres. Tb. poids: Lbs.	
223	Soie filée 1) moulinée et divisée pour chaînes ou trame, soie à coudre, et 2) fils de bourre de soie	poids: poude.	libres ex. teintes, poids: Ctr. Tb. poids: Ctr.	poids: Ctr. N. ex. conv. fils de bourre de soie libres Tb. poids: Ctr. B.	poids: kilog. N.	libres. Tb. poids: kilog.	libres, ex. teintes, poids: kilog. Tb. poids: kilog.	libres. Tb. poids: Lbs.	% de la valeur. Tb. pour coudre, poids: Lbs., autres: la valeur.	
224	Tissus de soie et de bourre de soie, purs	poids: livre. Tb. poude.	poids: Ctr.	poids: Ctr. N.	poids: kilog. N. ex. brochés d'or et d'argent faux, prohibés. conv. libres et tissus purs hors d'Europe, libres ex. crêpe. poids: kilog. Tb. poids: kilog.	% de la valeur.	poids: kilog.	libres. Tb. différemment: nombre de pièces ou poids: Lbs., ou la valeur.	% de la valeur.	
225	Tissus de soie et de bourre de soie, mêlée (demi-soie)	poids: livre. Tb. poude.	poids: Ctr.	poids: Ctr. N.	poids: kilog. N. ex. façon cachemire et étoffes mélées d'or et d'argent faux, prohibés, et conv. rubans, autres que velours, % de la valeur. Tb. poids: kilog	% de la valeur.	poids: kilog.	libres. Tb. la valeur.	% de la valeur.	
226	Dentelles et tulle..............	poids: livre. Tb. poude.	poids: Ctr.	poids: Ctr. N.	tulle, prohibé, dentelles, % de la valeur, ex. mêlées d'or et d'argent, poids: kilog.	% de la valeur.	poids: kilog. conv. % de la valeur. Tb. poids. kilog.	libres. Tb. la valeur.	% de la valeur.	
227	Foulards	poids: livre. Tb. poude.	poids: Ctr.	poids: Ctr. B.	poids: kilog. N. ex. de l'Inde, libres. Tb. poids: kilog. N.	% de la valeur.	poids: kilog.	libres. Tb. la valeur.	% de la valeur.	
228	Passementerie et bonneterie	poids: livre. Tb. poude.	poids: Ctr.	poids: Ctr. N.	poids: kilog. N. conv., pure soie libre, bourre, poids: kilog. Tb. poids:	% de la valeur.	selon l'étoffe.	libres. Tb. la valeur gén.	% de la valeur.	
229	Taffetas ciré ou gommé	poids: livre. Tb. poude.	poids: Ctr.	poids, Ctr. N.	abs.	% de la valeur.	poids: kilog. ex. conv. % de la valeur.	libres. Tb. la valeur gén.	% de la valeur.	

№		RUSSIE.	ZOLL-VEREIN.	AUTRICHE.	FRANCE.	BELGIQUE.	ITALIE.	ANGLETERRE.	ÉTATS-UNIS.	RENVOI AUX TARIFS.
	Groupe XVIII. **Articles d'habillement, chaussure, chapellerie et objets confectionnés.** **Section A. Lingerie et articles de toilette.**									Pour № 230—352. *Russie* 2. Div. III. Sect. V, VI, VII. *Zoll-Verein* № 18, 21, 35. *Autriche* XIII, XV. *France* XXV, XXVII. *Italie* VIII, IX, X, XI. *États-Unis* V, VI, VII, VIII, XIII.
230	Linge de table et linge damassé	poids: livre. *Tb.* poude.	poids: Ctr.	poids, Ctr. N.	poids: kilog. N. (d'après le nombre de fils dans 5 millimètres carrés) conv. % de la valeur.	comme tissus, selon l'espèce.	comme tissus, selon l'espèce.	comme tissus, selon l'espèce.	% de la valeur.	
231	Lingerie cousue de toute sorte (ex. celle de № 230)	% de la valeur.	poids: Ctr.	poids, Ctr. N.	comme les tissus et de dixième en sus.	% de la valeur.	comme tissus, selon l'espèce.	libres. *Tb.* la valeur gén.	% de la valeur.	
232	Articles de toilette divers en tissus ou tulle, garnis ou non garnis de dentelles	% de la valeur.	poids: Ctr.	poids: Ctr. N.	comme l'étoffe principale.	% de la valeur.	poids: kilog. ex. % de la valeur, *Tb.* la valeur gén.	libres. *Tb.* la valeur gén.	% de la valeur.	
	Section B. Vêtements et articles de mode, fleurs artificielles, passementerie d'or et d'argent, etc.									
233	Vêtements confectionnés pour hommes, femmes et enfants 1) en caoutchouc, 2) en pelleterie et fourrure, et 3) autres de toute sorte.	% de la valeur ex. en caoutchouc, poids: poude.	poids: Ctr.	poids: Ctr. N.	neufs: comme l'étoffe principale ex. à l'usage de voyageurs % de la valeur, vieux: poids: kilog. N.	% de la valeur;	comme l'étoffe selon l'espèce.	libres. *Tb.* la valeur gén.	% de la valeur.	
234	Châles, fichus, écharpes, couvertures, plaids, etc. 1) en tissus de laine: a) foulés, b) de Turquie, de Cachemire, ternaux et demi-ternaux; 2) en tissus de soie; 3) en tissus de coton, de lin, de chanvre, etc.	poids: livre. *Tb.* poude.	poids: Ctr.	poids: Ctr. N.	poids: kilog. N. ex. en coton, prohibés.	comme tissus, selon l'espèce.	comme tissus, selon l'espèce.	libres. *Tb.* la valeur gén.	% de la valeur.	
235	Fleurs artificielles: 1) en cuir; 2) en papier, et 3) autres.	poids: livre. ex. en papier, poude. *Tb.* poude.	poids: Ctr.	poids: Ctr. N.	% de la valeur, conv. libres. *Tb.* poids: kilog. B.	% de la valeur.	poids: kilog. *Tb.* la valeur gén.	libres. *Tb.* la valeur gén.	% de la valeur.	
236	Passementerie d'or et d'argent, fins ou faux; or et argent filés, en lames, paillettes et autres ornements, rubans d'or et d'argent.	poids: livre. *Tb.* poude.	poids: Ctr.	poids: Ctr. N.	poids: kilog. N.	% de la valeur.	poids: kilog. *Tb.* la valeur gén.	libres. *Tb.* la valeur gén.	% de la valeur.	
	Section C. Chapellerie.									
237	Casquettes ou bonnets et chapeaux: 1) de paysans, communs en feutre; 2) autres de toute sorte	nombre de pièces.	poids: Ctr.	poids: Ctr. N.	poids: kilog. B.	% de la valeur.	nombre de pièces. *Tb.* la valeur gén.	libres. *Tb.* en feutre, nombre de pièces; autres, la valeur.	% de la valeur.	
238	Chapeaux en poil, demi-poil, soie ou feutre	nombre de pièces.	poids: Ctr.	poids: Ctr. N.	nombre de pièces.	% de la valeur.	% de la valeur.	libres. *Tb.* ex. feutre, nombre de pièces; autres, la valeur.	% de la valeur.	
239	Chapeaux de cuir, de carton, de paille de riz, de coton, d'écorce, de fibres de palmier, et d'autres matières, sans garniture en rubans, plumes ou fleurs	poids: livre. *Tb.* poude.	poids: Ctr.	poids: Ctr. N.	poids: kilog. B.	% de la valeur.	% de la valeur. ex. de paille, poids: kilog. conv. libre. *Tb.* la valeur gén.	libres. *Tb.* en paille	% de la valeur. poids: Lbs. autres: la valeur.	
240	Chapeaux de toute sorte *garnis*, ornés de rubans, plumes ou fleurs; coiffures pour dames	% de la valeur.	poids: Ctr.	poids: Ctr. N.	% de la valeur.	% de la valeur.	nombre de pièces. *Tb.* la valeur gén.	libres. *Tb.* en soie, nombre de pièces; autres: la valeur.	% de la valeur.	
	Section D. Chaussure.									
241	Chaussure en tille ou jonc et sabots . .	libres. *Tb.* poids: poude.	poids: Ctr.	poids: Ctr. N.	poids: kilog. N.	% de la valeur.	nombre de paires. *Tb.* la valeur gén.	libres. *Tb.* nombre de paires.	% de la valeur.	
242	Chaussure en feutre	poids: livre. *Tb.* poude.	poids: Ctr.	poids: Ctr. N.	poids: kilog. N.	% de la valeur.	nombre de paires. *Tb.* la valeur gén.	libres. *Tb.* nombre de paires.	% de la valeur.	
243	Chaussure en gomme élastique ou gutta-percha	poids: poude.	poids: Ctr.	poids: Ctr. N.	poids: kilog. N.	% de la valeur.	nombre de paires. *Tb.* la valeur gén.	libre. *Tb.* nombre de paires.	% de la valeur.	
244	Chaussure en cuir	poids: livre. *Tb.* poude.	poids: Ctr.	poids: Ctr. N.	prohibés. ex. conv. % de la valeur.	% de la valeur.	nombre de paires. *Tb.* la valeur gén.	libre. *Tb.* nombre de paires.	% de la valeur.	
245	Chaussure pour dames en étoffe de soie	poids: livre. *Tb.* poude.	poids: Ctr.	poids: Ctr. N.	abs.	% de la valeur.	nombre de paires. *Tb.* la valeur gén.	libre. *Tb.* nombre de paires.	% de la valeur.	
246	Chaussure en fourrures	% de la valeur.	poids: Ctr.	poids: Ctr. N.	prohibée. ex. conv. % de la valeur.	% de la valeur.	nombre de paires. *Tb.* la valeur gén.	libre. *Tb.* nombre de paires.	% de la valeur.	
	Section E. Effets d'usage, objets d'ameublement, d'ornement et autres confections.									
247	Gants: 1) en peaux	poids: livre. *Tb.* poude.	poids: Ctr.	poids: Ctr. N.	prohibés. ex. conv. % de la valeur.	% de la valeur.	nombre de paires. *Tb.* la valeur.	libres. *Tb.* la valeur gén.	% de la valeur.	
	2) en fils	poids: livre. *Tb.* poude.	poids: Ctr.	poids: Ctr. N.	comme bonneterie.	comme tissus, selon l'espèce.	selon la matière dont ils sont fabriqués.	libres. *Tb.* la valeur gén.	% de la valeur.	
248	Parapluies, parasols et cannes-parapluies	nombre de pièces.	poids: Ctr.	poids: Ctr. N.	nombre de pièces, conv. % de la valeur.	% de la valeur.	nombre de pièces. *Tb.* la valeur gén.	libres. *Tb.* nombre de pièces.	% de la valeur.	
249	Éventails	poids: livre. *Tb.* poude.	poids: Ctr.	poids: Ctr. N.	poids: kilog. N.	% de la valeur.	nombre de pièces. *Tb.* la valeur gén.	libres. *Tb.* la valeur gén.	de palme, nombre de pièces; autres % de la valeur. *Tb.* nombre de pièces.	
250	Divers objets cousus, tels que: couvertures, caparaçons, rideaux, stores, sacs (en toile grossière), etc.	% de la valeur. ex. sacs en toile grossière, poids: poude.	poids: Ctr.	poids: Ctr. N.	comme les étoffes dont ils sont confectionnés.	% de la valeur.	comme tissus, selon l'espèce.	libres. *Tb.* rideaux en mousseline ou filet. poids: Lbs. confections en soie nombre de pièces; corsets, nombre de paires; autres: la valeur gén.	% de la valeur. ex. sacs, libre. *Tb.* la valeur.	

№	RUSSIE.	ZOLL-VEREIN.	AUTRICHE.	FRANCE.	BELGIQUE.	ITALIE.	ANGLETERRE.	ÉTATS-UNIS.	RENVOI AUX TARIFS.
251	Literie (matelas et coussins) en plumes, duvet, crin ou laine	prohibée ex. appartenant aux voyageurs, poids: poude, mais comme bagage, libre, selon les matières, d'après les articles correspondants du tarif.	poids: Ctr.	poids: Ctr. N.	comme les matières dont ils sont confectionnés.	% de la valeur.	poids: kilog. Tb. la valeur gén.	libres. Tb. la valeur.	% de la valeur.	
252	Étoffes avec emblèmes sacrés, vêtements, ornements et ustensiles d'église		poids: Ctr.	poids: Ctr. N.	comme les matières dont ils sont confectionnés.	% de la valeur.	comme les matières dont ils sont confectionnés.	libres. Tb. la valeur gén.	% de la valeur.	

Groupe XIX.

Objets de luxe et mercerie.

Section A. Métaux et pierres précieux, bijouterie.

№	RUSSIE.	ZOLL-VEREIN.	AUTRICHE.	FRANCE.	BELGIQUE.	ITALIE.	ANGLETERRE.	ÉTATS-UNIS.	RENVOI AUX TARIFS.
253	Or, argent et platine, en minerai, en lingots et morceaux, non ouvrés	libres. Tb. poids: poude.	libres. Tb. poids: Ctr.	libres ex. conv. poids: Ctr. B. Tb. poids: Ctr. B.	poids: kilog. N.	libres. Tb. la valeur.	libres. Tb. la valeur gén.	libres. Tb. la valeur gén.	libres. Tb. la valeur.	Pour № 253—268. *Russie 2. Div.* III. Sect. II., VI. *Zoll-Verein* № 19—20. *Autriche X.,* XVII., XIX. *France XXVII.* *Italie XV.,* XVII. *États Unis* III., XIII.
254	Or et argent battu, feuilles d'or et d'argent, simples et doubles en livrets	poids: livre. Tb. poude.	poids: Ctr.	poids: Ctr. N.	poids: kilog. N.	libres. Tb. la valeur.	poids: kilog. Tb. la valeur gén.	lames d'or, d'argent et de platine, poids: once, autres: libres. Tb. lames, poids: once, fils d'argent, poids: once; or en feuilles, № autres: la valeur.	en feuilles nombre de paquets; autres: % de la valeur.	
255	Or ouvré de tout genre, bijouterie et joaillerie	poids: livre. Tb. poude.	poids: Ctr.	poids: Ctr. N.	poids: kilog. N	% de la valeur.	poids: kilog. ex. conv. % de la valeur. Tb. la valeur gén.	libres. Tb. la valeur gén.	% de la valeur	
256	Argent et vermeil en ouvrages de tout genre, bijouterie et joaillerie	poids: livre. Tb. poude.	poids: Ctr.	poids: Ctr. N.	poids: kilog. N.	% de la valeur.	poids: kilog. ex. conv. % de la valeur. Tb. la valeur gén.	libres. Tb. la valeur gén.	% de la valeur.	
257	Platine ouvré, ex. ustensiles en platine de chimie et de physique (v. Gr. XXII)	poids: livre. Tb. poude.	poids: Ctr.	poids: Ctr. N.	poids: kilog. N.	% de la valeur.	poids: kilog. ex. conv. % de la valeur, Tb. la valeur gén.	libres. Tb. la valeur gén.	% de la valeur,	
258	Pierres précieuses: véritables (perles fines, grenats, coraux, etc.) ainsi que artificielles imitant les pierres fines *non ouvrées* (brutes et non perforées)	libres. Tb. la valeur. ex. corail vrai percé, sur fils, poids: livre. Tb. poude.	libres. Tb. poids: Ctr.	poids: Ctr. N.	cristal de roche prohibé; autres: libres. Tb poids: kilog. B.	libres. Tb. la valeur.	coraux, libres, autres: % de la valeur. ex. conv. libres, mais agate % de la valeur. Tb. la valeur gén.	libres. Tb. coraux, poids: Lbs., autres: la valeur gén.	libres. Tb. la valeur.	
259	Bijouterie et joaillerie, pierres véritables ou artificielles *montées*:									
	1) au métaux précieux.........	comme le métal, (poids: livre. Tb. poude).	poids: Ctr.	poids: Ctr. N.	poids: kilog. N. ex. agates et autres de même espèce, % de la valeur,	% de la valeur.	poids: kilog. ex. couv. % de la valeur. Tb. la valeur gén.	libres Tb. la valeur gén.	% de la valeur,	
	2) en autres matières	poids: livre. Tb. poude.	poids: Ctr.	poids: Ctr. N.	cristal de roche prohibé, mais couv. poids: kilog. comme № 259, 1.	% de la valeur.	comme № 259 p. i.	libres. Tb. la valeur gén.	% de la valeur.	

Section B. Bronze d'art et objets de beaux-arts.

№	RUSSIE.	ZOLL-VEREIN.	AUTRICHE.	FRANCE.	BELGIQUE.	ITALIE.	ANGLETERRE.	ÉTATS-UNIS.	RENVOI AUX TARIFS.
260	Objets en bronze, en plaqué, en argentin et en différents alliages de cuivre (ex. du laiton, v. Gr. VIII Sect. A.), imitant le bronze	poids: poude.	poids: Ctr.	poids: Ctr. N.	poids: kilog. N. ex. en plaqué, prohibés.	% de la valeur.	poids: kilog. Tb. la valeur.	libres. Tb. la valeur. poids: Cwts.	% de la valeur. Tb. la valeur gén.	
261	Objets en métaux dorés ou argentés	poids: poude.	poids: Ctr.	poids: Ctr. N.	poids: kilog. N.	% de la valeur.	poids: kilog. Tb. la valeur. valeur gén.	libres. Tb. la valeur gén.	% de la valeur.	
262	Objets de beaux-arts, sculptures d'art antiques et modernes, en marbre, bronze, porcelaine, biscuits, etc., tels que statues, bas-reliefs, vases etc.	libres. Tb. la valeur.	libres. Tb. poids: Ctr.	poids: Ctr. N	libres. Tb. la valeur.	libres. Tb. la valeur.	poids: kilog. ex. statues de grandeur naturelle, conv. libres. Tb. la valeur gén.	libres. Tb. la valeur gén.	% de la valeur.	

Section C. Mercerie, quincaillerie et bimbeloterie.

№	RUSSIE.	ZOLL-VEREIN.	AUTRICHE.	FRANCE.	BELGIQUE.	ITALIE.	ANGLETERRE.	ÉTATS-UNIS.	RENVOI AUX TARIFS.
263	Jais en verre, rassades et grains métalliques	poids: poude et livre Tb. poude	poids: Ctr.	poids: Ctr. N.	poids: kilog. N.	% de la valeur.	poids: kilog. Tb. la valeur gén.	libres. Tb. la valeur gén.	% de la valeur.	
264	Oripeaux blanc et jaune en litrots et paillon de toute sorte	poids: livre. Tb. poude.	poids: Ctr.	poids: Ctr. N.	poids: kilog	% de la valeur.	poids: kilog. Tb. la valeur. gén.	libres. Tb. la valeur gén.	% de la valeur.	
265	Boutons:									
	1) métalliques (ex. en or, argent ou platine v. Gr. XIX Sect. A.)	poids: livre. Tb. poude.	poids: Ctr.	poids: Ctr. N.	poids: kilog. N. ex. conv. % de la valeur.	% de la valeur.	poids: kilog. Tb. la valeur. gén.	libres. Tb. la valeur gén.	% de la valeur.	
	2) de passementerie, en lin, coton, laine ou soie	poids: livre. Tb. poude.	poids: Ctr.	poids: Ctr. N.	comme № 235 p. 1.	comme tissus, selon l'espèce	poids: kilog. Tb. la valeur gén.	libres. Tb. la valeur gén.	% de la valeur.	
	3) en porcelaine, verre, nacre, bois, os et autres	poids: livre. Tb. poude.	poids: Ctr.	poids: Ctr. N.	poids: kilog. N. ex. conv. % de la valeur.	% de la valeur.	poids: kilog. Tb. la valeur gén.	libres. Tb. la valeur gén.	% de la valeur.	
266	Objets de garniture de bureau, de dessin et de peinture	poids: livre. Tb. poude.	poids: Ctr.	poids: Ctr. N.	poids: kilog. N. ex. conv. % de la valeur,	% de la valeur	poids: kilog. Tb. la valeur gén.	libres. Tb. la valeur gén.	plumes métalliques, nombre de boîtes, autres: % de la valeur.	
267	Articles de mercerie, quincaillerie ou bimbeloterie (petits ouvrages, ayant un emploi déterminé, servant à la toilette ou à garnir les étagères, les tables ou les murs) *fins* (de matières de prix)	poids: livre. Tb. poude.	poids: Ctr.	poids: Ctr. N.	poids: kilog. N. ex. conv. % de la valeur.	% de la valeur.	poids: kilog. Tb. la valeur gén.	libres. Tb. la valeur gén. abs.	% de la valeur.	
268	Articles de mercerie, quincaillerie ou bimbeloterie *communs* (de matières ordinaires)	poids: livre. Tb. poude.	poids: Ctr.	poids: Ctr. N.	poids: kilog. N. ex. conv. % de la valeur.	% de la valeur,	poids: kilog. Tb. la valeur gén.	libres. Tb. cannes, nombre de pièces, ouvrages en liège et en écailles, poids: Lbs, autres: la valeur.	% de la valeur.	

Groupe XX.

Parfumerie et cosmétiques.

№	RUSSIE.	ZOLL-VEREIN.	AUTRICHE.	FRANCE.	BELGIQUE.	ITALIE.	ANGLETERRE.	ÉTATS-UNIS.	RENVOI AUX TARIFS.
269	Eaux de senteur alcooliques, eaux de Cologne, des Alpes, de Hongrie de mélisse composée et eaux sans alcool, de laurier-cerise, de menthe, de rose, de fleurs d'orange, etc.	poids: poude.	poids: Ctr.	poids: Ctr. N.	poids: kilog. N.	% de la valeur.	poids: kilog. Tb. la valeur conv. % de la valeur.	alcooliques, mesure: gallon d'alcool pur, autres: libres. Tb. poids: Lbs.	alcoolisés, mesure: gallon, autres: % de la valeur.	Pour № 269—272. *Russie 2. Div.* III. Sect. VI. B. *Zoll-Verein* № 31.

№		RUSSIE.	ZOLL-VEREIN.	AUTRICHE.	FRANCE.	BELGIQUE.	ITALIE.	ANGLETERRE.	ÉTATS-UNIS.	RENVOI AUX TARIFS.
270	Parfums et vinaigre de toilette, pomades de toute sorte	poids: poude.	poids: Ctr.	poids: Ctr. N.	poids: kilog. N. ou B. ex. parfumerie alcoolique, mesure l'hect. d'alcool pur.	% de la valeur.	poids: kilog. ex. conv. % de la valeur, mais de civette et d'ambre gris. poids: kilog. Tb. la valeur gén.	libres. Tb. poids: Lbs.	% de la valeur.	Autriche. IX. France XXVII. Italie. II. États-Unis XIII.
271	Savons parfumés (de toilette, aromatiques), liquides, en pain ou en poudre	poids: poude R.	poids: Ctr.	poids: Ctr. N.	poids: kilog. N.	% de la valeur.	comme № 270.	libres. Tb. poids: Lbs.	poids: Lbs. + % de la valeur. Tb. poids: Lbs.	
272	Fards, poudres, pastilles odorantes à brûler, poudre dentifrices, sachets et autres cosmétiques et parfumerie non dénommées	poids: poude.	poids: Ctr.	poids: Ctr. N.	poids: kilog. N.	% de la valeur.	comme № 270.	libres. Tb. poids: Lbs., mais poudre Cwts.	% de la valeur.	
	Groupe XXI. *Pièces complètes, composées de matières diverses.* **Section A.** Moyens de transport et de circulation.									
273	Embarcations de mer et de rivières de toute sorte avec leurs agrès, montés ou démontés	libres. Tb. la valeur.	en bois, libres, en fer, % de la valeur, Tb. nombre de pièces.	poids: tonneaux de mer.	poids: tonneaux de mer.	libres. Tb. tonneaux de mer.	libres. Tb. la valeur gén.	libres. Tb. la valeur gén.	% de la valeur.	Pour № 273—288. Russie 2. Div. III. Sec., VI, VII. Zoll-Verein № 15, 20. Autriche XVIII, XIX. France XXVII. Italie. XV. États-Unis XIII.
274	Locomotives, locomobiles et tenders	poids: poude.	poids: Ctr.	poids: Ctr. N.	poids: kilog. N.	poids: kilog.	poids: kilog. Tb. la valeur gén.	libres. Tb. la valeur gén.	% de la valeur.	
275	Waggons et plateformes	nombre de pièces.	% de la valeur. Tb. nombre de pièces.	nombre de pièces. ex. conv. % de la valeur. Tb. nombre de pièces.	poids: kilog. N.	% de la valeur.	nombre de pièces ou % de la valeur. Tb. la valeur gén.	libre. Tb. la valeur gén.	% de la valeur.	
276	Voitures suspendues: 1) lourdes: carrosses, landaus, diligences, omnibus, et 2) légères: calèches, phaétons, chars-à-bancs, cabriolets, cabs	nombre de pièces.	nombre de pièces.	nombre de pièces.	prohibés. ex. conv. % de la valeur.	% de la valeur.	comme № 273.	libres. Tb. la valeur gén.	% de la valeur.	
277	Voitures de transport: fourgons, brancards, etc., suspendues	nombre de pièces.	nombre de pièces.	nombre de pièces.	prohibés. ex. conv. % de la valeur.	% de la valeur.	comme № 275.	libres. Tb. la valeur gén.	% de la valeur.	
278	Véhicules de tout genre, non suspendus	nombre de pièces.	nombre de pièces.	nombre de pièces.	% de la valeur.	% de la valeur.	comme № 275.	libre. Tb. la valeur gén.	% de la valeur.	
279	Pièces détachées de voiture, telles que: caisses, roues, lanternes, ressorts, essieux et autres accessoires de carrosserie	poids: poude.	poids: Ctr.	poids: Ctr. N.	poids: kilog. N.	selon les matières, d'après les articles correspondants du tarif.	selon les matières, d'après les articles correspondants du tarif.	la valeur gén.		
	Section B. Instruments de musique.									
280	Pianos, orgues, harmonicas, positifs, harpes	nombre de pièces.	poids: Ctr.	poids: Ctr. N.	nombre de pièces. ex. conv. % de la valeur.	% de la valeur.	orgues d'église. poids: kilog. pianos, nombre ou % de la valeur, autres, nombre de pièces. Tb. la valeur gén.	libre. Tb. musique en boîte, pianos et harmonicas, nombre; autres, la valeur gén.	% de la valeur.	
281	Autres instruments de musique: violons, cors etc.	poids: livre. Tb. poude.	poids: Ctr.	poids: Ctr. N.	nombre de pièces.	% de la valeur.	nombre de pièces.	libre. Tb. la valeur gén.	% de la valeur.	
282	Accessoires et pièces détachées d'instruments de musique: archets, cordes, claviers, martelets, diapasons, métronomes, etc.	poids: livre. Tb. poude.	poids: Ctr.	poids: Ctr. N.	ex. conv. % de la valeur % de la valeur.	% de la valeur.	poids: kilog. Tb. la valeur gén.	libre. Tb. la valeur gén.	% de la valeur.	
	Section C. Meubles et lampes.									
283	Meubles: 1) en lattes ou en paille	libres. Tb. poids: poude.	poids: Ctr.	poids: Ctr. N.	% de la valeur.	à l'article de la matière dont ils sont fabriqués.	poids: kilogr. ex. conv. % de la valeur. Tb. la valeur gén.	libres. Tb. à l'article de la matière.	à l'article de la matière dont ils sont fabriqués.	
	2) en bois, et 3) en métal	poids: poude. à l'article de la matière dont ils sont fabriqués.	poids: Ctr.	poids: Ctr. N.	% de la valeur. ex. conv. en bois courbé, poids, kilog. B.	à l'article de la matière dont ils sont fabriqués.	poids: kileg. ex. conv. % de la valeur. Tb. la valeur gén.	libres. Tb. à l'article de la matière.	à l'article de la matière dont ils sont fabriqués.	
284	Lampes	à l'arti	cle de la	matière	dont	elles	sont	fabri	quées.	
	Section D. Horlogerie.									
285	Horloges et horloges de châteaux	nombre de pièces.	poids: Ctr.	poids: Ctr. N.	nombre de pièces.	% de la valeur.	nombre de pièces ou % de la valeur, conv. nombre de pièces.	libres. Tb. nombre de pièces.	% de la valeur.	
286	Montres et chronomètres de poche	nombre de pièces.	poids: Ctr.	poids: Ctr. N.	nombre de pièces, ex. sans boitiers, % de la valeur.	% de la valeur.	nombre de pièces.	libres. Tb. nombre de pièces.	% de la valeur.	
287	Mouvements de montres de poche, d'horloges, de pendules, de montres de voyages et de bureau (sans ou avec cages ou boîtes)	nombre de pièces (cages ou boîtes, poids: poude. à l'article de la matière).	poids: Ctr.	poids: Ctr. N.	% de la valeur.	% de la valeur.	de montre, nombre, autres: poids: kilog. cages ou boîtes poids: kilog. ou % de la valeur, conv. à l'article de la matière.	libres. Tb. nombre de pièces.	% de la valeur.	
288	Fournitures d'horlogerie: ressorts, roues, aiguilles, plaques, cadrans, clefs (ex. en or ou argent v. Gr. XIX.) etc.	poids: livre. Tb. poude.	poids: Ctr.	poids: Ctr. N.	poids: kilog. N.	% de la valeur.	poids: kilog.	libres. Tb. la valeur gén.	% de la valeur.	
	Groupe XXII. *Objets à l'usage de la science et de l'industrie.* **Section A.** Instruments de physique, de chimie, de chirurgie, etc.									
289	Instruments astronomiques: télescopes, thermomètres, hydromètres, etc.	libres. Tb. poids: poude.	libres. Tb. poids: Ctr.	poids: Ctr. N. conv. libres. Tb. poids: Ctr. N.	% de la valeur, conv. libres. Tb. poids: kilog. B.	libres. Tb. la valeur.	poids: kilog. Tb. la valeur gén.	libres. Tb. la valeur gén.	% de la valeur.	Pour № 289—297. Russie 1. Div. IV, 2. Div. III. Sect. VI. Zoll-Verein № 15, 24, 33. Autriche XIX. France XXVII. Italie XIV, XV. États-Unis XIII.
290	Instruments de mathématiques, de dessin, de physique, de chimie, de chirurgie, de photographie, lorgnettes de théâtre, etc.	poids: poude. ex. microscopes. libres. Tb. poids: poude.	libres. Tb. poids: Ctr.	poids: Ctr. N. conv. libres. Tb. poids: Ctr. N.	poids: kilog. B. conv. libres. Tb. poids: kilog.	libres. Tb. la valeur.	poids: kilog. Tb. la valeur gén.	libres. Tb. la valeur gén.	% de la valeur.	
291	Balances de toute sorte	poids: poude.	poids: Ctr.	poids: Ctr. N.	% de la valeur.	poids: kilog.	poids: kilog. Tb. la valeur gén.	libres. Tb. la valeur gén.	% de la valeur.	
292	Caractères d'imprimerie, matrices, clichés et formes typographiques	poids: poude.	poids: Ctr.	poids: Ctr. N.	poids: kilog. N.	libres. Tb. poids: kilog.	poids: kilog. Tb. la valeur gén.	libres. Tb. la valeur gén.	% de la valeur.	
293	Ustensiles et appareils de chimie en platine, argile, grès, porcelaine, serpentine, etc. n'ayant pas la forme	libres. Tb. poids: poude.	libres. Tb. poids: Ctr.	poids: Ctr. N. conv.	poids: kilog.	libres. Tb. la valeur gén.	Tb. la valeur gén.	libres. Tb. la valeur gén.	appareils télégraphiques, poids: Lbs.	

№		RUSSIE.	ZOLL-VEREIN.	AUTRICHE.	FRANCE.	BELGIQUE.	ITALIE.	ANGLETERRE.	ÉTATS-UNIS.	RENVOI AUX TARIFS.
	usitée de vaisselle de ménage, tels que: alambics, creusets, etc. cornues, évaporateurs, etc.			libres. *Tb.* poids: Ctr. N.					autres: % de la valeur, *ex.* de platine, libres. *Tb.* la valeur.	
	Section B. Livres, cartes géographiques, objets de collection ou de muséum, etc.									
294	Livres imprimés, manuscrits et musique gravée, globes ou sphères et cartes géographiques.	libres. *Tb.* la valeur.	libre. *Tb.* poids: Ctr.	poids: Ctr. N. conv. libres. *Tb.* poids: Ctr. N.	poids: kilog. N. et B. conv. libres. Rem. Contrefaçons, prohibées.	libres. *Tb.* la valeur.	poids: kilog. *ex.* manuscrits et conv., sous reliure. libres, *Tb.* nombre.	libres. *Tb.* cartes géographiques №: autres: poids: Cwts.	% de la valeur.	
295	Tableaux, gravures, photographies, estampes et dessins	libres. *Tb.* la valeur.	libre. *Tb.* poids: Ctr.	poids: Ctr. B. et N. conv. libres. *Tb.* poids: Ctr. N. et B.	poids: kilog. N. conv. libres.	libres, *ex.* encadrées, % de la valeur. *Tb.* la valeur.	libres *ex.* contrefactions, % de la valeur, *Tb.* poids: kilog.	libres. *Tb.* nombre de pièces.	% de la valeur.	
296	Objets de collections ou muséums d'archéologie, de numismatique et d'histoire naturelle, modèles d'anatomie, etc.	libres. *Tb.* la valeur.	libres. *Tb.* poids: Ctr.	comme № 295.	poids: kilog. N. conv. libres. *Tb.* la valeur gén.	libres. *Tb.* la valeur.	libres. *Tb.* la valeur gén.	libres. *Tb.* la valeur gén.	oiseaux empaillés. % de la valeur. autres: libres. *Tb.* la valeur.	
	Section C. Jouets d'enfants.									
297	Cartes avec alphabet, images d'histoire naturelle, modèles d'appareils et de machines et autres jouets d'enfants.	poids: livre. *Tb.* poude.	poids: Ctr.	poids: Ctr. N.	poids: kilog. N.	% de la valeur.	poids: kilog., *Tb.* la valeur gén.	libres. *Tb.* la valeur gén.	% de la valeur.	
	Groupe XXIII. Déchets et engrais.									
298	Déchets et rognures	libres. *Tb.* poids: poude.	libre. *Tb.* poids: Ctr.	du lin, de chanvre et de soie, poids: Ctr. B. autres: libres.	poids: kilog. B. hors d'Europe libres.	libres. *Tb.* la valeur gén.	dégras, poids: kilog. autres: libres. *Tb* la valeur gén.	libres *Tb.* poids: Cwts.	tourteaux % de la valeur, déchéts de laine poids: Lbs. autres: libres. *Tb.* poids: Lbs.	Pour № 298—300. *Russie.* 1. Div II. *Zoll-Verein.* № 1. *Autriche* XXII. *France.* II. *Italie.* II, IV. *États-Unis.* XIII et Sec., libres.
299	Chiffons et rognures de papier, de carton, drilles, etc..	libres. *Tb.* poids: poude.	libres. *Tb.* poids: Ctr.	libres *Tb.* poids: Ctr. B.	libres. *Tb.* poids: kilog. B.	libre. *Tb.* poids: kilog.	libres. *Tb.* la valeur gén.	libres. *Tb.* poids: tons.	libres. *Tb.* poids: Lbs.	
300	Guano et autres engrais	libres. *Tb.* poids: poude.	libres. *Tb.* poids: Ctr.	libres. *Tb.* poids: Ctr. B.	libres. *Tb.* poids: kilog. B.	libre. *Tb.* poids: kilog.	libres. *Tb.* la valeur gén.	libres. *Tb.* poids: tons.	libres. *Tb.* guano, poids: tons, autres: la valeur gén.	

SECONDE PARTIE.

La création d'une statistique du commerce extérieur étant d'une haute importance, il serait indispensable, afin de parvenir à la possibilité d'une telle création, d'inviter, avant tout, les gouvernements à conclure une convention internationale, ayant pour but d'arriver:

    1. à l'uniformité de la classification des marchandises dans les tarifs de douanes, et

    2. à la régularisation des unités qui indiquent dans les tableaux du commerce la quantité des marchandises importées et exportées.

Le Congrès international de statistique nommerait de sa part une commission, chargée:

    1. d'élaborer un système universel pour la nomenclature et la classification des marchandises, sous des rubriques générales, dans lesquelles viendraient se ranger les principales espèces de marchandises, tout en laissant à chaque pays la faculté d'introduire les subdivisions ultérieures et les détails qui lui paraîtraient nécessaires ou qui seraient exigés par sa législation douanière;

    2. de déterminer la marche à suivre pour recueillir les données statistiques du commerce extérieur.

Lors de la confection de modèles ou de tableaux statistiques, le Congrès, en transmettant aux gouvernements les matériaux nécessaires pour résoudre cette question, pourrait faire ressortir dans son rapport les trois intérêts distincts: l'intérêt statistique, l'intérêt financier et l'intérêt commercial. Et comme, bien entendu, la question de législation étant étrangère à la statistique, les changements proposés ne toucheront pas au montant des droits, les gouvernements ne refuseront probablement pas de prendre en sérieuse considération, tant les intérêts et les besoins de l'administration, que ceux du commerce et de la science.

L'opinion du Congrès en prouvant que les renseignements et les tableaux *exacts* du commerce international, comme documents statistiques sont aussi utiles à la science qu'à l'administration, aura peut-être assez d'influence pour déterminer les gouvernements, vu l'importance de la question, à se mettre d'accord sans trop de difficultés.

Nous sommes persuadés que le système de la classification, qui nous a servi pour le tableau comparatif des unités sur lesquelles portent les droits d'entrée, pourrait être appliqué aux tarifs des douanes des différents pays, bien entendu, avec les modifications que le Congrès trouvera utile d'introduire. Pour en avoir la preuve, il suffit de jeter un coup d'œil sur les exemples ci-joints (annexes A. B. C. D. E. F. et G.), où nous avons essayé de disposer, selon ce système, les marchandises de différentes catégories, pour les tarifs de douanes, actuellement en vigueur, en Russie, dans le Zoll-Verein, en Autriche-Hongrie, en France, en Belgique, en Italie et aux États-Unis de l'Amérique du Nord. Le tarif de l'Angleterre est supprimé, parce que le nombre des marchandises soumises aux droits d'entrée y est très limité et que tous les articles que nous prenons pour exemples sont exempts de droits.

La classification uniforme dans les tarifs de douanes des différents pays une fois obtenue, il serait fort à désirer que les publications officielles de ces tarifs renfermassent des renseignements aussi complets que possible,

5*

ainsi que les indications nécessaires pour le public international. Tout en conservant une classification uniforme pour tous les tarifs, le mode de tarification adopté pour chacun d'eux serait conservé, mais les tares fixes, devraient être indiqués ainsi que le montant des droits dans le texte même du tarif, comme cela a lieu dans le tarif du Zoll-Verein. Ensuite, il est indispensable que chaque tarif contienne un appendice explicatif officiel, indiquant les dénominations des marchandises qui figurent ou rentrent dans les divers articles du tarif en donnant en outre toutes les explications nécessaires concernant la définition technique desdites marchandises et le traitement douanier auquel elles sont soumises, selon la forme sous laquelle elles se présentent. De pareilles notes explicatives se trouvent dans le tableau des droits conventionnels de la France et, plus complètes encore, dans le tarif officiel des douanes de la Belgique.

On a énoncé mainte fois l'opinion qu'à une époque où les relations internationales prennent plus en plus d'importance, la connaissance exacte de ces indications est devenue indispensable aux manufacturiers et aux commerçants, ainsi qu'à tous ceux qui servent d'intermédiaires dans les échanges et les transports des marchandises destinées aux marchés des différents pays. Ce n'est qu'en s'initiant aux interprétations officielles qu'ils pourront établir à l'avance des calculs certains et se mettre en mesure d'éviter, dans leurs dispositions, envois et déclarations, les inexactitudes et les malentendus dont nous sommes si souvent les témoins et dont les suites peuvent entraîner, pour les intéressés, des retards et des dommages. La connaissance intime de ces interprétations officielles n'est pas moins nécessaire aux employés de l'administration.

Au Congrès international de statistique de la Haye, il a été dit que les négociants se plaignent de ce que, dans la nomenclature de tarifs, il y a des noms génériques, embrassant de nombreuses marchandises; il arrive aussi qu'il se trouve dans ces nomenclatures des noms qui n'appartiennent pas à la langue du pays pour lequel les tarifs ont été dressés, si bien qu'on en fait parfois des traductions imparfaites qui donnent lieu à de nouvelles erreurs. Il faut donc que la nomenclature, en même temps que la classification des marchandises dans les tarifs de douanes, soit reglée par une convention internationale.

Il s'ensuit que les vocabulaires russe-allemand-français-italien-anglais de toutes les dénominations qui figurent dans les tarifs de douanes et dans les tableaux du commerce, sont d'une importance urgente. De tels vocabulaires, rédigés et constatés par les délégués des gouvernements et publiés officiellement, indiquéront pour chacune de ces langues la traduction exacte du nom des marchandises et des produits les plus courants et donneront au public international l'expression précise dont il a à se servir dans les déclarations, lettres de voiture, connaissements, etc. qui doivent accompagner les envois faits à l'étranger. En outre les vocabulaires doivent contenir, non seulement la traduction du nom des marchandises, mais aussi l'indication du numéro des articles du tarif, du montant des droits et le manière dont la quantité devrait être déclarée.

Il nous semble que de pareils vocabulaires pourraient être composés d'après le système du «Dictionnaire douanier (allemand-russe) pour le tarif de l'Empire de Russie» que nous avons publié l'année dernière («Waaren-Zoll-Wörterbuch in deutscher und russischer Sprache zum Zoll-Tarif des Russischen Kaiserreichs», 1871, Leipzig), et qui est destiné à faciliter aux expéditeurs et aux employés de la douane la traduction dans la langue russe des connaissements et lettres de voiture écrits en allemand, et en même temps à donner aux importateurs une prompte indication des droits dont sont frappés les différents articles.

Le système de la classification qu'on adoptera pour la rédaction des tarifs des douanes doit être conservé aussi pour les tableaux du commerce extérieur. Il nous semble que la forme de ces tableaux la plus complète et la plus pratique est celle qui a été adoptée dans les États-Unis de l'Amérique, avec la différence que les marchandises devraient être enregistrées, non dans l'ordre alphabétique, mais avec le numéro des articles, d'après la classification des tarifs, comme nous nous permettons d'en donner un exemple (annexe H.), en puisant quelques chiffres statistiques dans le Tableau du commerce des États-Unis pour 1870 («Annual report of the chief of the bureau of Statistics». Commerce and navigation. 1870. № 17).

Le Congrès international de statistique seul pourrait décider du mode qu'il serait convenable d'adopter pour recueillir les données statistiques nécessaires à la détermination du mouvement du commerce international. Le Congrès pourrait choisir parmi ses membres des délégués pour chacun des différents pays, qui, avec l'aide de leurs gouvernements respectifs et la coopération des chambres de commerce locales, seraient tenus de recueillir les données statistiques, compulsées avec les documents des douanes.

Il n'est pas à prévoir, que les gouvernements, vu l'intérêt financier qui serait obtenu par l'exactitude des chiffres sur le mouvement d'importation et d'exportation des marchandises, refusent leur coopération au système proposé; ils n'éprouveront probablement pas de difficultés donner les ordres nécessaires, afin que les administrations douanières mettent à la disposition de Mss. les Délégués du Congrès toutes les données nécessaires sur la quantité des matières importées et exportées, en les classifiant sur un cadre uniforme pour tous les pays. Les rubriques de ces registres, ainsi que la forme du tableau général du commerce, devaient être élaborées par une commission spéciale du Congrès international de statistique.

Chaque Délégué, d'après les données recueillies, formera, du mouvement commercial d'un pays donné, un tableau spécial, qui servira du commerce exterieur à la commission du Congrès pour l'élaboration d'un tableau comparatif et général dans tous les pays.

Pour parvenir aux résultats désirables, le Congrès international de statistique, ainsi que les gouvernements, inviteront les chefs des douanes et les négociants à prendre soin que les registres soient exacts.

Sous la surveillance des chefs, les employés subalternes ne manqueront pas de prêter à ce travail toute l'attention qu'il comporte, et les commerçants, sûrs qu'aucune amende ne menace leur déclaration sur la quantité des marchandises exemptes de droits, et que l'exactitude de leurs déclarations ont seulement pour but une statistique exacte, qui est dans l'intérêt même du commerce, feront avec plus de soin leurs listes de convoi.

Nous joignant à l'opinion, énoncée par l'honorable Mr. S. Vissering, dans le programme de la 7 Session du Congrès international, de 1869, il ne nous reste qu'à exprimer notre voeu sincère, pour que le rapprochement se fasse entre les opinions extrêmes et à nous rallier aux efforts de ceux des honorables membres de la présente Session convaincus, comme nous, de l'urgente nécessité d'établir une formule générale, qui, tout en définissant la marche à suivre, fixerait en même temps des principes fondamentaux, destinés à servir de base aux travaux statistiques concernant le commerce international. Une entente sur ces principes, serait plus que désirable pour atteindre par une unité de méthode — supérieure par elle-même — à l'uniformité dans les travaux pratiques.

Mai, 1872.   M. Térékhoff.

ОБЩІЙ ТАМОЖЕННЫЙ ТАРИФЪ

по

ЕВРОПЕЙСКОЙ ТОРГОВЛѢ

для таможенъ

РОССІЙСКОЙ ИМПЕРІИ И ЦАРСТВА ПОЛЬСКАГО.

(Группа VI и группы XVII, отдѣлъ А).

№		Количество.	Пошлина.	
			Р.	К.
	ГРУППА VI.			
	Жиры, масла и мыло.			
	ОТДѢЛЪ А.			
	Жиры и масла.			
106	Сало и жиры всякіе	безп	ошли	нно.
107	Спермацетъ.	безп	ошли	нно.
108	Воскъ всякій	безп	ошли	нно.
109	a) Стеаринъ и глицеринъ	безп	ошли	нно.
	b) Олеинъ	пудъ.	1	80
110	Парафинъ	безп	ошли	нно.
111	Жиръ тресковой печени:			
	въ бутылкахъ (патентованный)	и. бр.	3	—
	въ другихъ сосудахъ	безп	опли	нно.
112	Масла постоянныя (fixes):			
	a) оливковое или деревянное и всякія растительныя, жирныя и пригорѣлыя	пудъ.	1	80
	b) кокосовое и пальмовое	пудъ.	—	50
113	Масла эфирныя, благовонныя, употребляемыя въ медицинѣ и въ парфюмерномъ дѣлѣ	пудъ.	12	—
	Исключ. Масло горько-миндальное	зап	реще	но.
114	Скипидаръ и терпентинъ	пудъ.	—	30
115	a) Олифа	пудъ.	1	80
	b) Лаки масляные	пудъ.	6	60

№		Количество.	Пошлина.	
			Р.	К.
	ОТДѢЛЪ В.			
	Освѣтительные матеріалы.			
116	Масла летучія для освѣщенія, извѣстныя подъ названіемъ петролеума, керосина, фотогена, газолина и проч. . . .	пудъ.	—	55
117	Свѣчи, факелы и фитили всякіе	пудъ.	1	—
	ОТДѢЛЪ С.			
	Мыло.			
118	Мыло всякое, кромѣ косметическаго	пудъ.	1	—
	Примѣч. Мыло косметическое, см. Группа XX.			

ГРУППА XVII.
Мануфактурный товаръ.

ОТДѢЛЪ А.
Хлопокъ и издѣлія изъ онаго.

№		Количество.	Пошлина.	
			Р.	К.
194	*a)* Хлопокъ сырецъ	безп	ошли	нно.
	b) Вата всякая	пудъ.	1	10
195	Пряжа бумажная:			
	a) въ суровьѣ и бѣленая	пудъ.	3	25
	b) крашеная и съ мишурою	пудъ.	4	25
196	Бумажный бархатъ, плисъ и плисовыя ленты	фунтъ.	—	45
197 и	Бумажныя ткани:			
198	*a)* суровыя, бѣленыя, крашеныя (кромѣ крашеныхъ въ адріанопольскій красный цвѣтъ) и нестротканыя:			
	1) имѣющія въ фунтѣ до 8 квадр. арш.	фунтъ.	—	28
	2) » » » отъ 8 » 12 » »	фунтъ.	—	38
	3) » » » » 12 » 16 » »	фунтъ.	—	50
	4) » » » болѣе 16 » »	фунтъ.	1	10
	b) набивныя и крашеныя въ адріанопольскій красный цвѣтъ:			
	1) имѣющія въ фунтѣ до 8 квадр. арш.	фунтъ.	—	50
	2) » » » отъ 8 » 12 » »	фунтъ.	—	60
	3) » » » » 12 » 16 » »	фунтъ.	—	75
	4) » » » болѣе 16 » »	фунтъ.	1	20
	Прим. Бумажныя ткани всякія съ наклейками или накладками, съ соломою, золотомъ, серебромъ, мишурою или другими украшеніями и скроенныя для женскихъ платьевъ (coupons de robes)	фунтъ.	1	20
199	Тюль.			
	a) мебельный (антигра), съ узорами, вышитыми и затканными, а также тюлевыя и кисейныя занавѣси	фунтъ.	—	40
	b) всякій другой	фунтъ.	2	—
200	Кружева	фунтъ.	3	—
201	Бумажныя, бассонныя, вязаныя плетеныя, издѣлія, синель и канва . .	фунтъ.	—	35
202	Клеенка и полотно, загрунтованное краскою	фунтъ.	—	11

VEREINS-ZOLL-TARIF.

(Gruppe VI und Gruppe XVII, Section A.)

№		Abgabensätze.			T A R A.
		30 Thl., Fuss.		$52^1/_2$ Gulden, Fuss.	
		Thl.	Sgr.	Fl. Kr.	
	GRUPPE VI. **Fette, Oele und Seifen.** SECTION A. **Fette und Oele.**				
106	Fette:				
	a) Fischspeck . . . . Ctr.	—	10	— 35	
	b) anderes Thierfett	frei.		frei.	
107	Wallrath	—	15	— $52^1/_2$	
108	Wachs	frei.		frei.	
109	a) Stearin . . . . Ctr.	—	15	— $52^1/_2$	
	b) Glycerin und Olein	frei.		frei.	
110	Parafin . . . . Ctr.	—	15	— $52^1/_2$	
111	Fischthran . . . . Ctr.	—	15	— $52^1/_2$	
112	Oele, nicht flüchtige:				
	a) Palmöl (Palmbutter) und Kokosnussöl . .	frei.		frei.	
	b) Baumöl . . . . Ctr.	—	25	1 $27^1/_2$	
	Anmerkung. Baumöl in Fässern eingehend, wenn bei der Abfertigung auf den Ctr. ein Pfund Terpentinöl oder ein achtel Pfund Rosmarinöl zugesetzt worden. . .	frei.		frei.	
	c) Anderes aller Art:				
	1) in Flaschen oder Kruken . . . Ctr.	—	25	1 $27^1/_2$	
	2) in Fässern . . . . Ctr.	—	15	— $52^1/_2$	
113	Aetherisches Oel:				
	a) Thieröl (Hirschhornöl und Dippelsöl) und Harzöl	frei.		frei.	
	b) Wachholderöl und Rosmarinöl . . . Ctr.	2	—	3 30	6% Ballen, 9% Körbe,
	c) Andere ätherische Oele . . . . . Ctr.	3	10	5 50	16% Fässer u. Kisten.
114	Terpentin und Terpentinöl	frei.		frei.	
115	Oelfirniss . . . . Ctr.	—	15	— $52^1/_2$	

№		Abgabensätze.		TARA.
		30 Thl., Fuss.	52½ Gulden, Fuss.	
		Thl. Sgr.	Fl. Kr.	

SECTION B.

Beleuchtungsstoffe.

№		Thl. Sgr.	Fl. Kr.	TARA.
116	Mineralöle aller Art	frei.	frei.	
117	Lichte: Talg-, Stearin- und andere . . . Ctr.	1 15	2 37½	16% Kisten.

SECTION C.

Seife.

№		Thl. Sgr.	Fl. Kr.	TARA.
118	Seife: grüne, schwarze und andere feste . Ctr.	— 25	1 27½	
	Anmerkung. Parfümirte Seife, s. Gr. XX.			

GRUPPE XVII.

Manufactur-Waaren.

SECTION A.

Baumwolle und Baumwollenwaaren.

№		Thl. Sgr.	Fl. Kr.	TARA.
194	Baumwolle, rohe, kardätschte, gekämmte, gefärbte, Baumwollenwatte	frei.	frei.	
195	Baumwollengarn, ungemischt oder gemischt:			
	a) ein- und zweidrähtiges:			
	1) rohes . . . . Ctr.	2 —	3 30	
	2) gebleichtes oder gefärbtes . . Ctr.	4 —	7 —	7% Ballen, 13% Körbe, 18% Fässer u. Kisten.
	b) drei- und mehrdrähtiges, roh, gebleicht oder gefärbt . . . . Ctr.	6 —	10 30	
196	Sammetartige Gewebe . . . . . . Ctr.	16 —	28 —	
197	Dichte Gewebe:			
	a) rohe (aus rohem Garn verfertigte und gebleichte . . . . Ctr.	10 —	17 30	7% Ballen, 18% Fässer und Kisten.
	b) alle anderen . . . . . . Ctr.	16 —	28 —	
198	Undichte Gewebe, wie Jaconet, Musselin etc.:			
	a) rohe, (aus rohem Garn verfertigte) . Ctr.	16 —	28 —	
	b) alle anderen	26 —	45 30	
199 u. 200	Tüll und Spitzen . . . . Ctr.	26 —	45 30	7% Ballen, 18% Fässer und Kisten.
201	Posamentier- und Strumpfwaaren . . . Ctr.	16 —	28 —	
202	Wachstuch, Wachsmusselin:			
	a) grobes unbedrucktes Wachstuch (Packtuch) Ctr.	— 20	1 10	6% Ballen, 9% Körbe, 13% Kisten.
	b) alles andere . . . . Ctr.	2 —	3 30	
	Anmerkung zu b. Waaren hieraus werden wie feine Lederwaaren behandelt.			

ALLGEMEINER
und
VERTRAGS-ZOLLTARIF
für
DAS ÖSTERREICHISCH-UNGARISCHE ZOLLGEBIET.

(Gruppe VI und Gruppe XVII, Section A.)

№			ZOLLSATZ.		TARA-ABZÜGE.
			Allgemein.	Vertrags-mässig.	
			fl. kr.	fl. kr.	
	GRUPPE VI.				
	Fette, Oele und Seifen.				
	SECTION A.				
	Fette und Oele.				
106	*a)* Unschlitt.		frei.		
	b) Schwein- und Gänsefett, Speck.	Ctr. netto.	2 63		6% Häute, Wammen u. Ballen, 9% Körbe, 13%
	Anm. Speck, vertragsmässig	Ctr. sporco.	— —	1 50	Fässer, Kist., Töpf. u. Küb.
	c) Fette, nicht besonders benannte	Ctr. sporco.	— 80		
107	Wallrath	Ctr. netto.	2 63		wie Nr. 106.
108	Wachs	Ctr. netto.	3 —	2 50	wie Nr. 106.
109	Stearin	Ctr. sporco.	1 50		
110	Paraffin	Ctr. sporco.	1 50		
111	Fischthran	Ctr. sporco.	— 53		
112	Oele, fette:				
	a) Kokosnuss- und Palmöl in Fässern		frei.		
	b) Olivenöl (Baumöl): 1) in Fässern, Schläuchen und Blasen	Ctr. netto.	3 15		4% Schläuche allein, 6% Schläuche, emballirt,
	Anm. a) — vertragsmässig .	Ctr. sporco.		1 50	11% Fässer.
	b) — wenn Terpentinöl oder Rosmarinöl zugesetzt werden . . .	Ctr. sporco.	— 80	— 40	
	2) in Flaschen und Krü gen	Ctr. netto.	13 15	5 —	16% Körbe, 24% Kisten.
	c) Oele fette, nicht besonders benannte:				
	1) in Flaschen und Krügen. .	Ctr. netto.	13 15	5 —	16% Körbe, 24% Kisten.
	2) in Fässern, Schläuchen und Blasen	Ctr. sporco.	1 35	— 75	

№	Warengattung	Allgemein fl.	Allgemein kr.	Vertragsmässig fl.	Vertragsmässig kr.	TARA-ABZÜGE.
113	Oele ätherische:					
	a) Bernstein-,Hirschhorn,-Kautschuk-, Lorbeeren-, Rosmarin- und Wachholderöl . . . . Ctr. netto.	5	25	5	—	{ 6% Ballen, 9% Körbe, 13% Kisten u. Fässer.
	b) alle andere nicht benannte . . . Ctr. netto.	7	50	5	—	wie oben *a*.
114	*a)* Terpentin . . . . Ctr. sporco.	—	42	frei. Z. V.		
	b) Terpentinöl . . . . Ctr. sporco.	—	75	frei. Z. V.		
115	Firnisse . . . . Ctr. netto.	15	—	12	—	{ 6% Ballen, 9% Körbe, 16% Kisten u. Fässer.
	SECTION B. **Beleuchtungsstoffe.**					
116	Mineralöle: Petroleum, Photogen, etc. Ctr. sporco.	—	75			
117	*a)* Wachskerzen, Wachsfakeln, Wachsstöcke . . . . Ctr. netto.	8	—			} wie Nr. 115.
	b) Stearin- und Wallrathkerzen . . Ctr. netto.	5	25			
	c) Unschlittkerzen (Talglichte). . . Ctr. netto.	3	15			
	d) Pechfackeln. . . . . Ctr. sporco.	—	80	—	75	
	SECTION C. **Seife.**					
118	Seife gemeine, d. h. nicht parfümirte Ctr. netto.	3	15	1	25	wie Nr. 113.
	Anmerk. Feine, d. h. parfümirte Seife, s. Gr. XX.					

GRUPPE XVII.

Manufacturwaaren.

SECTION A.

Baumwolle und Baumwollenwaaren.

№	Warengattung	Allgemein fl.	Allgemein kr.	Vertragsmässig fl.	Vertragsmässig kr.	TARA-ABZÜGE.
194	Baumwolle:					
	a) roh und in Abfällen	frei.				
	b) Kardätscht (gestrichen oder gekrämpelt) . . . . Ctr. sporco.	—	53			wie Nr. 195.
	c) Baumwollwatte. . . . . . . Ctr. netto.	5	25			
195	Baumwollgarne (ungemischt oder gemischt):					
	a) roh, d. h. nicht gebleicht, nicht gefärbt und nicht drei- oder mehrdrähtig gezwirnt . . . . . . Ctr. netto.	5	25	4	—	
	b) gebleicht oder gezwirnt . . . . Ctr. netto.	10	50			{ 7% Ballen, 13% Körbe, 18% Kisten u. Fässer.
	NB. vertragsmässig: gebleicht . Ctr. netto.			6	—	
	gezwirnt . Ctr. netto.			9	—	
	c) gefärbt (gezwirnt oder ungezwirnt) Ctr. netto.	13	15			
	NB. vertragsmässig: gezwirnt . Ctr. netto.			9	—	
	ungezwirnt Ctr. netto.			6	—	

№		ZOLLSATZ				TARA-ABZÜGE.
		Allgemein.		Vertrags-mässig.		
		fl.	kr.	fl.	kr.	
196	Sammte und sammtartige Weben aus Baumwolle . . . . Ctr. netto.	62	—	30	—	wie Nr. 195.
197	Dichte Webewaaren:					
	a) gemeine, d. h. rohe, ungebleichte, ungefärbte, unbedruckte . . . . Ctr. netto.	36	—	16	—	
	b) mittelfeine, d. i. appretirte, gebleichte, gefärbte, ein- oder mehrfarbig gewebte, und bedruckte . . . . Ctr. netto.	62	—			
	NB. vertragsmässig: 1) glatte (gefärbt); gemusterte, (gebleicht oder gefärbt) . . . . . . Ctr. netto.			20	—	wie Nr. 195.
	2) alle mehrfarbigen, alle roth gefärbten und alle bedruckten . Ctr. netto.			30	—	
198	Undichte Webewaaren (feine Weben aus Baumwolle. . . . . Ctr. netto.	90	—			
	NB. vertragsmässig: 1) rohe . Ctr. netto.			30	—	wie Nr. 195.
	2) andere. Ctr. netto.			45	—	
199 u. 200	Tülle und Spitzen. . . . . . . Ctr. netto.	262	50	60	—	wie Nr. 195.
	Allgem. Anmerk. zu № 196—200. Gestickte Webewaaren und alle Waaren in Verbindung mit Metallfäden oder gesponnenem Glase werden als *feinste* Weben, d. i. Tülle und Spitzen behandelt.					
201	Posamentier-, Band- und Strumpfwaaren . . . . Ctr. netto.	62	—	30	—	wie Nr. 195.
202	Wachstuch:					
	a) grobes, d. i. Packtuch, unbedrucktes und Asphalttuch . . . . . Ctr. sporco.	1	50	1	—	
	b) feines, d. i. alles andere, auch Wachsmousselin, Malertuch . . . Ctr. netto.	12	—			6% Ballen, 9% Körbe, 18% Kisten u. Fässer.
	NB. vertragsmässig: 1) Wachsmousselin . . . . Ctr. netto.			10	—	
	2) alles andere . . . . . Ctr. netto.			5	—	

TABLEAU

des

DROITS D'ENTRÉE.

TARIF DES DOUANES, GÉNÉRAL ET CONVENTIONNEL

de

FRANCE.

(Groupe VI et Groupe XVII, Section A.)

№		Tarif de droits d'entrée.			
		général.		convent.	
		fr.	c.	fr.	c.
	GROUPE VI.				
	Graisses, huiles et savons.				
	SECTION A.				
	Graisses et huiles.				
106	Graisses:				
	a) de poisson 1) de pêche française . . . . 100 kil. B.	—	15	—	—
	2) de pêche étrangère.	—	—	6	—
	des pays hors d'Europe . . . . . 100 kil. B.	6	—	—	—
	des entrepôts . . . . 100 kil. B.	8	—	—	—
	b) autres de toute sorte:				
	des pays hors d'Europe et cru des pays				
	d'Europe.	exempt.		—	—
	d'ailleurs . . . . 100 kil. B.	3	—	exempt.	
107	Blanc de baleine (spermaceti):				
	1) de pêche française. . . . . 100 kil. B.	—	20	—	—
	2) de pêche étrangère	—	—	2	—
	brut des pays hors d'Europe . . . . 100 kil. B.	2	—	—	—
	» des entrepôts. . . . . 100 kil. B.	4	—	—	—
	pressé . . . . 100 kil. N.	20	—	—	—
	raffiné . . . . 100 kil. N.	50	—	—	—
108	Cire jaune, brune ou blanche	—	—	1	—
	des pays de production . . . . . . 100 kil. B.	1	—	—	—
	d'ailleurs . . . . 100 kil. B.	3	—	—	—
	Rem. Cire à cacheter v. Gr. XIX. Sect. C.				
109	Stéarine ou acide stéarique, en masse et oléique	exempt.		—	—
	NB. convent. ac. stéarique. . . . . la valeur	—	—	5 p. %	
	ac. oléique . . . . 100 kil. B.	—	—	5	—

№		Tarif de droits d'entrée.	
		général.	convent.
		fr. c.	fr. c.
110	Parafine des pays hors d'Europe	exempt.	— —
	d'ailleurs . . . . 100 kil. B.	3 —	exempt.
111	Huile de foie de morue, comme Nr. 106 a.		
112	Huiles fixes		
	a) pures 1) d'olive . . . . 100 kil. B.	3 —	3 —
	2) de palme, de coco, de touloucouna, et d'illipé, du Sénégal	exempt.	— —
	d'ailleurs hors d'Europe . . . . . 100 kil. B.	1 —	— —
	des entrepôts . . . . 100 kil. B.	3 —	— —
	3) d'arachides et de ricin . . . . 100 kil. B.	— —	1 —
	4) autres — des pays hors d'Europe et du cru des pays		
	d'Europe . . . . 100 kil. B.	6 —	6 —
	d'ailleurs . . . . 100 kil. B.	7 —	6 —
	b) aromatisées . . . . 1 kil. N.	1 —	— —
113	Huile volatiles ou essences:		
	a) de rose et de bois de Rhodes . . . . 1 kil. N.	40 —	1 —
	b) de girofle, muscade, macis, cannelle, cassialignca, sassafras, fenouil, anis, badiane, carvi, cajeput, camomille, valériane et amande amère . . . . 1 kil. N.	5 —	1 —
	c) d'orange, de citron et de leurs variétés . . . . 1 kil. N.	4 —	1 —
	d) toutes autres . . . . 1 kil. N.	— 75	1 —
114	Térébenthine . . . . 1 kil. N.	— 75	1 —
115	Huile cuite et vernis: vermeil . . . . 100 kil. N.	41 —	— —
	autres . . . . 100 kil. N.	82 —	— —
	NB. Conv. Vernis à l'huile . . . . la valeur.	— —	10 p. %

SECTION B.
Substances d'éclairage.

116	Huiles de pétrole, de schiste etc.		
	des pays de production . . . . 100 kil. B.	3 —	— —
	d'ailleurs . . . . 100 kil. B.	5 —	— —
117	Bougies de toute sorte et chandelles . . . . la valeur.	5 p. %	10 p. %

SECTION C.
Savons.

118	Savons ordinaires . . . . 100 kil. B.	prohibés.	6 —
	Remarque. Savons de parfumerie v. Gr. XX.		

GROUPE XVII.
Industrie textile.

SECTION A.
Coton, fils, tissus, passementerie et bonneterie.

194	Coton:		
	a) en laine — des pays hors d'Europe, du cru des pays d'Europe et des pays de production	exempt.	exempt.
	d'ailleurs . . . . 100 kil. N.	3 —	exempt.
	b) non égrené — des pays hors d'Europe, du cru des pays d'Europe et des pays de production	exempt.	exempt.
	d'ailleurs . . . . 100 kil. N.	— 75	exempt.

№		Tarif de droits d'entrée.			
		général.		convent.	
		fr.	c.	fr.	c.
	c) en feuilles cardées et gommées (Ouate) . . . . . 100 kil. N.	100	—	10	—
195	Fils de coton:				
	a) écrus, du N. 143 (système métrique) et au-dessus simple 1 kil. N.	7	—	—	—
	retors 1 kil. N.	8	—	—	—
	b) tous les autres, sans distinction d'espèces ni de numéros . . .	prohibés.		—	—
	NB. Convention. — Fils de coton mesurant au demi-kilogramme:				
	a) simples: écrus — 20,500 mètres ou moins . . . 100 kil. N.	—	—	15	—
	plus de 20,500 mètr.; pas plus de 30,500 . 100 kil. N.	—	—	20	—
	„ „ 30,500 „ „ „ „ 40,500 . 100 kil. N.	—	—	30	—
	„ „ 40,500 „ „ „ „ 50,500 . 100 kil. N.	—	—	40	—
	„ „ 50,500 „ „ „ „ 60,500 . 100 kil. N.	—	—	50	—
	etc.				
	blanchis . . etc.				
	b) retors, en deux bouts . . . etc.				
196	Tissus de coton: velours:	prohibés.			
	a) façons soie (dits velvets) écrus . . . . . . 100 kil. N.	—	—	85	—
	teints ou imprimés . . 100 kil. N.	—	—	110	—
	b) autres (cords, moleskins, etc.) écrus . . . . . 100 kil. N.	—	—	60	—
	teints ou imprimés . . 100 kil. N.	—	—	85	—
197	Tissus de coton:				
	a) Nankins — originaire de l'Inde:				
	1) des pays hors de d'Europe . . 1 kil. N.	1	—	—	—
	2) d'ailleurs . . . . 1 kil. N.	1	10	—	—
	— autres	prohibés.		—	—
	b) autres de toute sorte	prohibés.		—	—
	NB. Convention. — Tissus de coton pur, unis, croisés, et coutils:				
	a) écrus: présentant en chaîne et en trame, dans l'espace de 5 millimètres carrés, ceux pesant 11 kil. et plus le 100 mètres carrés:				
	35 fils ou moins . . . 100 kil. N.	—	—	50	—
	36 fils et au-dessus . . 100 kil. N.	—	—	80	—
	de 7 à 11 kil. exclusivement le 100 mèt. car.:				
	35 fils ou moins . . . 100 kil. N.	—	—	60	—
	36 à 43 fils inclus. . . 100 kil. N.	—	—	100	—
	44 fils et au-dessus . . 100 kil. N.	—	—	200	—
	de 3 à 7 kil. exclusivement le 100 mèt. car.:				
	27 fils ou moins . . . 100 kil. N.	—	—	80	—
	28 à 35 fils inclus. . etc.				
	b) blanchis . . . . etc.				
198	Gazes et mousselines	prohibés.		—	—
	la valeur	—	—	10 p. %	
199	Tulle	—	—	15 p. %	
	a) avec application d'ouvrages en dentelle de fil . . la valeur	5 p. %		—	—
	b) autres	prohibés.		—	—
200	Dentelles:			5 p. %	
	a) fabriquées à la main et aux fuseaux . . . . . la valeur	5 p. %		—	—
	b) autres	prohibés.		—	—

TARIF OFFICIEL
des
DOUANES DE BELGIQUE.

(Groupe VI et groupe XVII, Section A.)

№		Droits d'entrée.		
		Base.	Quotité.	
			fr.	c.
	GROUPE VI.			
	Graisses, huiles et savons.			
	SECTION A.			
	Graisses et huiles,			
106	107, 108, 109, 110, 111, 112 — Graisses, blanc de baleine, cire, stéarine, parafine, huile de foie de morue et huiles fixes		libres.	
113	Huiles volatiles ou essences:			
	a) les huiles dites *de senteur*, ce sont:			
	d'amandes amères, de basilic, de bergamotte, de bigarade, de cédrat, de cèdre, de citron, de lavande (spic ou aspic), d'orange, de fleurs d'oranger (néroli), de Rhodes, de rose, de sassafras, de sange, etc.	100 francs.	10	—
	b) autres:			
	de muscade, de macis, de cannelle, de cochléaria, de cumin, de fenouil, de genièvre, de laurier-cerise, de mélisse, de menthe, de moutarde noire, de rue, de tanaisie, de valériane, etc. . .		libres.	
114 et 115	Térébenthine et vernis		libres.	
	SECTION B.			
	Substances d'éclairage.			
116	Huile de pétrole et autres huiles minérales		libres.	
117	a) Bougies	100 francs.	10	—
	b) torches et mèches à feu		libres.	
	SECTION C.			
	Savons.			
118	Savons ordinaires	100 kil.	6	—
	Rem. Savons de parfumerie v. Gr. XX.			

№		Droits d'entrée.	
		Base.	**Quotité.**
			fr. c.

GROUPE XVII.

Industrie textile.

SECTION A.

Coton, fils, tissus, passementerie et bonneterie.

№		Base.	Quotité (fr.)
194	Coton en laine, non égrené et en feuilles		libre.
195	Fils de coton, mesurant au demi-kilogr.:		
	a) écrus et blanchis: 20,000 mètr. ou moins	100 kil.	15 —
	20,000 mètr. à 30,000 mètr.	100 kil.	20 —
	30,000 . . . . . etc.		
	b) teints ou ourdis: 20,000 mèt. ou moins	100 kil.	25 —
	20,000 à . . . . . etc.		
196	Velours de coton:		
	a) façon soie (velvets) — écrus	100 kil.	85 —
	teints ou imprimés	100 kil.	110 —
	b) autres (cords, moleskins, etc.) — écrus	100 kil.	60 —
	teints ou imprimés	100 kil.	85 —
197	Tissus de coton, unis, croisés, coutils:		
	a) écrus: aux 5 millimètres carrés:		
	1. Classe, pesant 11 kil. et plus les 100 mètres carrés		
	de 35 fils et moins	100 kil.	50 —
	de 36 fils et plus	100 kil.	80 —
	2. Classe, pesant de 7 à 11 kil. exclusivement les 100 mèt. car.		
	de 35 fils et moins	100 kil.	60 —
	de 36 à 43 fils	100 kil.	100 —
	de 43 fils, . . . etc.		
	b) blanchis — 1. Classe, etc.		
	c) teints — 1. Classe, etc.		
	d) imprimés	100 francs.	15 —
198	Gazes et mousselines	100 francs.	10 —
199	Tulle de coton	100 francs.	10 —
200	Dentelles et blondes:		
	a) fabriquées à la main ou aux fuseaux	100 francs.	5 —
	b) faits au métier	100 francs.	10 —
201	Passementerie, bonneterie, etc.	100 francs.	10 —
202	Tissus de coton cirés	100 francs.	10 —

TARIFFA DEI DAZI DOGANALI

pel

REGNO D'ITALIA.

(Gruppo VI e Gruppo XVII, Sezione A.)

№	ENTRATA.	Unità.	Dazio d'entrata.			
			Generale.		Convenzionale.	
			fr.	c.	fr.	c.
	GRUPPO VI.					
	Grasso, olii e saponi.					
	SEZIONE A.					
	Grasso ed olii.					
106	Grasso:					
	a) di pesce	100 Ch.	5	—	5	75
	b) d'ogni altra sorta	100 Ch.	1	—	1	—
107	Spermaceto: greggio	100 Ch.	5	—	2	—
	premuto o raffinato	100 Ch.	6	—	2	—
108	Cera: gialla non lavorata	100 Ch.	12	50		
	lavorata	100 Ch.	25	—		
	bianca non lavorata	100 Ch.	20	—	} 3 % S. V.	
	lavorata	100 Ch.	40	—		
	avanzi e colature di candele	100 Ch.	15	—	—	—
	Annot. Cera da suggellare (ceralacca) ved. Gr. XIX Sez. C.					
109	Acidi oleico (glycerine), stearico	100 Ch.	5	—	5	—
110	Paraffina	100 Ch.	5	—	5	—
111	Olio di fegato	100 Ch.	5	—	5	75
112	Olii fissi:					
	a) d'oliva	100 Ch.	3	—	3	—
	b) di sesamo, d'arachide, di papavero ed altri non nominati, commestibili o da bruciare	100 Ch.	10	—	6	—
	c) di ravizzone e di colza	100 Ch.	5	—	2	—
	d) di lino, canapuccia, palma, cocco, noce, faggiola, pesce ed altri non nominati, non commestibili ne da ardere	100 Ch.	5	—	5	75
113	Olii volatili ed essenze:					
	a) di cannella, garofano, macis, rosa et sassofrasso peso lordo	1 Ch.	3	—	—	—
	b) canfora greggia o raffinata	100 Ch.	40	—	2	—
	c) di caoutchouc	100 Ch.	20	—	—	—

№	ENTRATA.	Unità.	Dazio d'entrata. Generale.		Dazio d'entrata. Convenzionale.	
			fr.	c.	fr.	c.
	d) d'arancio e sue varietà . . . . peso lordo	1 Ch.	—	60	esente.	
	e) altri non nominati . . . . peso lordo	1 Ch.	—	60	—	—
114	Trementina di ogni sorta	100 Ch.	5	—	2	—
115	Vernice d' ogni sorta	100 Ch.	10	—	10	—

SEZIONE B.

Articoli per illuminare.

№	ENTRATA.	Unità.	Generale fr.	Generale c.	Convenz. fr.	Convenz. c.
116	Olii d'asfalto, minerale di Scozia, di petrolio (di pietra) ed altri minerali greggi	—	esenti.		—	—
	rettificati, depurati o raffinati	100 Ch.	6	—	—	—
117	Candele e torcie:					
	a) Candele e torcie di cera gialla	100 Ch.	25	—	} 3 % S. V.	
	bianca e di spermaceti . .	100 Ch.	40	—		
	b) steariche	100 Ch.	10	—	10	—
	c) di sevo, di palma o di cocco	100 Ch.	5	—	5	—
	d) torcie resinose (a vento)	100 Ch.	1	—	1	—

SEZIONE C.

Saponi.

№	ENTRATA.	Unità.	Generale fr.	Generale c.	Convenz. fr.	Convenz. c.
118	Saponi ordinari	100 Ch.	10	—	6.	—
	NB. Saponi di profumeria, v. Gr. XX.					

GRUPPO XVII.

Manifatture.

SEZIONE A.

Cotone e relative manifatture.

№	ENTRATA.	Unità.	Generale fr.	Generale c.	Convenz. fr.	Convenz. c.
194	Cotone:					
	a) in lana od in massa (in fiocco)	—	esente.		esente.	
	b) io fogli cardati o gommati (ovatte)	100 Ch.	5	—	5	75
195	Cotone filato:					
	a) crudo — semplice, purchè non misuri più di 20,000 metri ogni $\frac{1}{2}$ Chil.	100 Ch.	15	—	—	—
	— semplice, purchè non misuri più di 20,001 a 30,000 metri ogni $\frac{1}{2}$ Chil.	100 Ch.	20	—	—	—
	— semplice che misuri più di 30,000 metri ogni $\frac{1}{2}$ Chil.	100 Ch.	25	—	—	—
	— ritorto di qualunque numero	100 Ch.	25	—	28	85
	b) imbianchito o tinto di qualunque qualità o numero .	100 Ch.	30	—	34	65
196	a) Velluto di cotone	1 Ch.	—	75	—	85
	b) Tappeti da pavimento	1 Ch.	—	20	—	23,11
197	Tessuti di cotone:					
	a) di peso da 7 a 11 Chil. e più, per ogni 100 metri quadrati, e di 35 fili o meno nei 5 millimetri quadrati — crudi	100 Ch.	50	—	—	—
	imbianchiti	100 Ch.	57	—	—	—

№	ENTRATA.	Unità.	Dazio d'entrata.			
			Generale.		Convenzionale.	
			fr.	c.	fr.	c.
	b) altri di sopra non nominati —					
	crudi	100 Ch.	65	—	—	—
	imbianchiti	100 Ch.	74	—	—	—
	c) a colori e tinti	100 Ch.	90	—	—	—
	d) stampati	100 Ch.	100	—	115	50
	e) ricamati in filo, cotone o lana	100 Ch.	200	—	232	—
	NB. misti di lino o di lana — regime della materia dominante.					
198	Mussoline e gazes:					
	a) ricamate	1 Ch.	2	—		
	b) operate sul telaio — imbianchite	1 Ch.	—	74	} 232 — 100 Ch.	
	a colori	1 Ch.	—	90		
199 e 200	Pizzi, tulle e tricot di Berlino	1 Ch.	2	—	2	30
201	a) Passamanteria e bonetteria	come i tessuti secondo la specie.				
	b) Galloni e nastri	1 Ch.	—	60	—	—
202	Tessuti di cotone-incerati, verniciati o dipinti su vernice per qualunque uso	100 Ch.	50	—	10 % S. V.	

TARIFF OF RATES OF DUTIES

payable on

goods, wares and merchandise

imported into the

UNITED STATES OF AMERICA.

(Group VI and Group XVII, Section A.)

№		Rate of duty.	
		Sh.	C.
	GROUP VI.		
	Grease, oil and soap.		
	SECTION A.		
	Grease and oil.		
106	a) Tallow . . . . p. lb.	—	1
	b) Oil animali, neat-foot . . . . . . p. cent.	—	20
	c) — bears' . . . . p. cent.	—	50
	d) — whale and other (not sperm.) of foreign fishing . . . . p. cent.	—	20
	e) — fish and all other American fisheries	free.	
	f) Grease other . . . . p. cent.	—	10
107	Oil, spermaceti: of American fisheries	free.	
	of foreign fishing . . . . p. cent.	—	20
108	Wax . . . . p. cent.	—	20
109	a) Stearine and olein	free.	
	b) Glycerine . . . . p. cent.	—	30
110	Parafine . . . . p. cent.	—	10
111	Cod-liver-oil . . . . p. cent.	—	20
112	Oils fixed or expressed:		
	a) Almond, palm and cocoa-nut . . . . . . p. cent.	—	10
	b) Bay or laurel . . . . p. lb.	—	20
	c) Castor and salad . . . . p. gallon	1	—
	d) Croton . . . . p. lb.	1	—
	e) Flaxseed or linseed, hempseed or rapeseed and nut . . . . p. gallon	—	23
	f) Mace . . . . p. lb.	—	50
	g) Olive: in bottles . . . . p. gallon	1	—
	in casks . . . . p. gallon	—	25
113	Oils volatile or essential:		
	a) Almond (bitter) and valerian . . . . . . p. lb.	1	50

№			Rate of duty.	
			Sh.	C.
	b) Ambre, crude . . . . p. lb.		—	10
	rectified . . . . p. lb.		—	20
	c) Anise, caraway, citronella, fennel, lemon and orange . . . . . . p. lb.		—	50
	d) Bergamot, cassia and cubebs . . . . p. lb.		1	—
	e) Cajeput and juniper . . . . p. lb.		—	25
	f) Cinnamon and cloves . . . . p. lb.		2	—
	g) Civet . . . . p. cent		—	30
	h) Cognac or oenahthic ether . . . . p. ounce		4	—
	i) Fruits ethers, essences or oils of apple, pear, etc., made of fusel oil or of fruit, or imitations of . . . . p. lb.		2	50
	k) Fusel oil or amylic alcohol . . . . p. gallon		2	—
	l) Roses, otto of . . . . p. ounce		1	50
	m) Rum and bay rum essences or oil . . . . p. ounce		2	—
	n) Thyme, red or origanum . . . . p. lb.		—	25
	white . . . . p. lb.		—	30
	o) Vegetable oils, not specified . . . . p. cent		—	20
	p) All other essential oils not specified . . . . p. cent		—	50
114	Turpentine . . . . p. cent		—	35
115	Varnish: value Sh. 1. 50 or less . . . . p. gallon		—	50
	and p. cent		—	20
	value over Sh. 1. 50 . . . . p. gallon		—	50
	and p. cent		—	25

SECTION B.

Illuminatings.

№			Rate of duty.	
			Sh.	C.
116	a) Petroleum crude . . . . p. gallon		—	20
	refined . . . . p. gallon		—	40
	b) Illuminating oils, from coal, shale, asphaltum, peat, etc. . . . . . p. gallon		—	40
117	Candles and tapers:			
	a) Adamantine and stearine . . . . p. lb.		—	5
	b) Paraffine, spermaceti, and wax . . . . p. lb.		—	8
	c) Tallow, and all other not specified . . . . p. lb.		—	$2\frac{1}{2}$

SECTION C.

Soap.

№			Rate of duty.	
			Sh.	C.
118	Soap common, castile and all like . . . . p. lb.		—	1
	and p. cent		—	30
	Remark. Soap toilet and all perfumed, see Gr. XX			

GROUP XVII.

Industry textile.

SECTION A.

Cotton, thread, texture, hosiery.

№			Rate of duty.	
			Sh.	C.
194	Cotton:			
	a) ray		free.	
	b) waste or flocks . . . . p. cent		—	20

№		Rate of duty.	
		Sh.	C.
	c) not manufactured . . . . p. lb.	—	3
195	Cotton thread:		
	a) on spools — of 100 yards each or less . . . . p. doz.	—	6
	and p. cent	—	30
	— excess of 100 yards each . . . . p. doz.	—	6
	and p. cent	—	35
	b) not on spools: per skein or hank of 840 yards . . . . p. sk'n.	—	4
	and p. cent	—	30
	— other . . . . p. cent	—	40
196, 197 and 198	Cotton velvet . . . . p. cent	—	35
	a) Cotton, unbleached, weight less than 5 ounces per square yard, not exceeding 100 threads to the square inch, counting the warp and filling . . . . . . p. yard	—	2½
	As above, bleached . . . . p. yard	—	3 and 3½
	colored, stained, painted, or printed . . . . p. yard	—	3½
	and p. cent	—	10
	b) Plain brown, or not bleached		
	value 16 cents or less per ☐yard . . . . p. yard	—	5
	value over 16 cents per ☐yard . . . . p. cent	—	35
	— bleached —		
	value 20 cents or less per ☐yard . . . . p. sq. yard	—	5½
	value over 20 cents per ☐yard . . . . p. cent	—	35
	— printed or colored —		
	value 25 cents or less per ☐yard, not over 100 threads per square inch, including warp and filling, and weighing over 5 ounces per ☐yard p.yard	—	5½
	and p. cent	—	10
	over 100 and not over 200 threads to the square inch, including warp and filling . . . . p. yard	—	5½
	value over 25 cents per ☐yard. . . . . and p. cent	—	20
		—	25
	c) Jeans, demins, drillings, bed-tickings, ginghams, cottonades, pantaloon stuffs and cotton goods of like description, not exceeding 20 cents per ☐yard — not bleached or colored —		
	not over 200 theards per ☐inch, counting warp and filling p. sq. yard	—	6
	bleached —		
	not over 200 theards per ☐inche, counting warp and filling p. sq. yard	—	6½
	over 200 theards per ☐inch, counting warp and filling p. yard	—	7½
	printed, painted, or colored —		
	not over 100 theards per ☐inch, counting warp and filling p. yard	—	6½
	and p. cent	—	10
	over 100 theards and not over 200 theards per ☐inch, counting warp and filling . . . . p. yard	—	6½
	and p. cent	—	15
	over 200 theards per ☐inch, counting warp and filling p. yard	—	7½
	and p. cent	—	15
	d) Jeans, demins etc. over 20 cents per ☐yard, not bleached or printed . . p. cent	—	35

№		Rate of duty.	
		Sh.	C.
	e) All other not specified . . . . p. cent	—	35
199 and 200	Laces . . . . p. cent	—	35
201	a) Hosiery, broids, trimmings, gimps, cord, and galloons . . . . p. cent	—	35
	b) Cotton for embroidery (floss) . . . . p. cent	—	40
202	Oil-cloths:		
	a) for floors —		
	value 50 cents or less per ☐ yard . . . . p. cent	—	35
	value over 50 cents per ☐ yard . . . . p. cent	—	45
	b) all other, and water-proof cloths . . . . p. cent	—	45

EXTRACT

from

ANNUAL REPORT

of the

CHIEF OF THE BUREAU OF STATISTICS

on the

COMMERCE AND NAVIGATION

of the

UNITED STATES

for the

fiscal year 1870.

8

Statement showing quantities and values of foreign merchandise entering into consumption in the United States during the fiscal year 1870, with the rate of duty on the same, and estimated accruing duties.

№ of tariff	Commodities	Ware-house or Direct	Quantities	Values	Rate of duty	Amount of duty	Additional and discriminating duty	Total duties	Average dutiable value per unit of quantity (Sh. c.)	Average duty reduced to ad valorem (p. c.)
116	a) Petroleum, crude . . . gallons	W.	241	Sh. 217 00	20 cents per gallon.	48 20	. . .	205 60	30 1/2	65 3/4
		D.	787	96 00	do.	157 40	. . .			
	refined . . . gallons	D.	54	30 00	40 cents per gallon.	21 60	. . .	21 60	55 3-5	72
	b) Illuminating oils, from coal, shale, asphaltum, peat, etc. . . . gallons	W.	127	292 00	do.	50 80	. . .	125 00	1 98 1/4	20 1/8
		D.	185 1/2	327 00	do.	74 20	. . .			
117	Candles and tapers: a) Adamantine . . . pounds	W.	1,504	261 00	5 cents per pound.	75 20	6 18	188 78	— 20 3/4	24
		D.	2,148	488 00	do.	107 40	. . .			
	Stearine . . . pounds	W.	3,000	510 00	do.	150 00	15 00	173 60	— 17 1/2	28 1/2
		D.	172	44 20	do.	8 60	. . .			
	b) Paraffine . . . pounds	W.	750	165 00	8 cents per pound.	60 00	. . .	180 16	— 19 3/4	40 1/2
		D.	1,502	282 00	do.	120 16	. . .			
	Spermaceti and wax . . . pounds	W.	337	171 00	do.	26 96	. . .	680 20	— 46 1/4	17 1/2
		D.	8,165 1/2	3,761 00	do.	653 24	. . .			
	c) Tallow and all other not specified . . . pounds	D.	337	59 00	2 1/2 cents per pound.	8 43	. . .	8 43	— 17 1/2	14 1/2
118	Soap common, castile, and all like . . . pounds	W.	776,563	48,795 00	1 c. p. lb. and 30 p. c.	22,406 02	9 91	95,824 23	— 6 1/8	45 1/3
		D.	2,158,838	162,783 08	do.	73,408 30	. . .			
194	Cotton: a) ray . . . pounds	D.	1,693,386	330,547 00	free.					
	b) waste or flocks . . .	D.	. . .	1,016 00	20 per cent.	203 60	. . .	203 60	. . .	20
	c) not manufactured . . . pounds	W.	642	91 00	3 cents per pound.	19 26	. . .	39 51	— 9 1/8	31 1/8
		D.	675	34 00	do.	20 25	. . .			
195	Cotton thread: a) on spools — of 100 yards each or less . . . dozen	W.	1,781,800	264,677 00	6 c. p. doz. and 30 p. c.	186,281 10	17 38	422,852 25	— 14 1/2	70 7/8
		D.	2,290,017 3/5	330,509 00	do.	236,053 76	. . .			
	excess of 100 yards each . . . dozen	W.	1,909,924	286,778 00	6 c. p. doz. and 35 per c.	208,967 74	48 77	468,543 80	— 15	74 3/4
		D.	2,339,304	340,483 00	do.	259,537 29	. . .			
	b) not on spools, per skein or hank of 640 yards . . . skeins	D.	48	2 00	4 c. p. sk'n and 30 p. c.			2 52	— 4	126
	other . . .	W.	. . .	24,241 00	40 per cent.	9,696 40	18 20	290,024 60	. . .	40
		D.	. . .	700,775 00	do.	280,310 00	. . .			
196	Cotton velvet . . . sq. yards	W.	1,351,686	406,880 00	35 per cent.	143,105 00	23 10	277,082 75	— 30 1/8	35
		D.	1,260,379 1/2	382,719 00	do.	133,951 65	. . .			
197 and 198	a) Cotton, unbleached, weight less than 5 ounces per square yard, not exceeding 100 threads to the square inch, counting the warp and filling . . . sq. yards	W.	20,177	1,297 00	2 1/2 cents per yard.	504 43	. . .	1,113 74	— 7 1/8	33 1/3
		D.	24,872	2,022 00	do.	608 31	. . .			

Remark. Soap toilet see Nr. 271.

№ of tariff.	Commodities.	Ware-house or Direct.	Quantities.	Values.	Rate of duty.	Amount of duty.	Additional and discriminating duty.	Total duties.	Average dutiable value per unit of quantities.	Average duty reduced to ad valorem.
				Sh. c.		Sh. c.	Sh. c.	Sh. c.	c.	c.
	As above, bleached . . . . sq. yards	W.	663,202	45,466 00	3 cents per yard.	19,896 06	6 10	Sh. 70,392 67	6⅔	p. c. 49⅓
		D.	1,688,017	115,123 00	do.	50,490 51				
		W.	9,949	573 00	3½ cents per yard.	848 21		1,842 17	7⅔	45¾
		D.	42,693	3,438 00	do.	1,494 26				
	colored, stained, painted or printed . . . . . do.	W.	1,884,626	183,715 00	3½ c. p. y. and 10 p. c.	82,533 44	89 00	173,600 60	8⅓	49⅓
		D.	2,118,160½	168,489 00	do.	90,979 21				
	b. Plain brown, or not bleached —									
	value 16 cents or less per square yard . . . . do.	W.	8,681	1,103 00	5 cents per yard.	484 05		1,007 08	10⅓	48⅔
		D.	11,460½	975 81	do.	573 03				
	value over 16 cents per square yard . . . . do.	W.	66,381	11,204 00	35 per cent.	3,921 40		17,708 95	17 1-6	85
		D.	231,047	39,398 00	do.	13,787 55				
	etc.